W0084422

Bettina Klemm

DER DRESDNER KULTURPALAST

Bettina Klemm

DER DRESDNER KULTUR- PALAST

Eine Zeitreise von
1969 bis heute

Bild und Heimat

ISBN 978-3-95958-047-2

1. Auflage
© 2016 by BEBUG mbH / Bild und Heimat, Berlin
Umschlaggestaltung: fuxbux, Berlin
Umschlagabbildung: © Deutsche Fotothek / Peter, Richard jun.
Druck und Bindung: Printed in Hungary

Ein Verlagsverzeichnis schicken wir Ihnen gern:
BEBUG mbH / Verlag Bild und Heimat
Alexanderstr. 1
10178 Berlin
Tel. 030 / 206 109 – 0

www.bild-und-heimat.de

INHALT

NACH DER WENDE — Wie geht es weiter mit dem Kulturpalast?

DIE IDEE — Ein Haus für Philharmonie, Bibliothek und Kabarett

DER WIEDERAUFBAU – Neues Leben im Kulturpalast

ANHANG

Der Kulturpalast 2012

VORWORT

Dieser Palast ist für mich das Beste und Überzeugendste an der neuen Architektur in Dresden.« Diese Worte stammen von dem berühmten Konrad Wachsmann. Der deutsche Architekt war 1941 in die USA emigriert und hatte Dresden im März 1979 anlässlich eines Vortrags an der Technischen Universität besucht. Zehn Jahre zuvor war der Dresdner Kulturpalast als erster und bedeutendster Kulturhausneubau der DDR feierlich eröffnet worden. Seitdem bildete der Kulti, wie ihn die Dresdner liebevoll nennen, den zentralen Veranstaltungsort der Stadt mit einem vielfältigen Programm. Die meisten Bewohner aus der Stadt und dem Umland verbinden mit ihm sehr persönliche Erinnerungen und Kulturerlebnisse. Das relativ flache und transparent wirkende Gebäude mit dem gefalteten Kupferdach stellte zu seiner Zeit architektonisch etwas Besonderes dar, aber es war auch umstritten.

Nach über 40 Jahren schloss der Kulturpalast im Sommer 2012, um für rund 90 Millionen Euro saniert zu werden. Zugleich erfolgen Umbauten, die den Charakter des Hauses verändern: Statt des vielfältig nutzbaren Mehrzwecksaals entsteht ein moderner Konzertsaal hauptsächlich für die Dresdner Philharmonie, aber auch für klassische Ensembles und Konzerte der Unterhaltungsmusik. Die meiste Fläche nimmt die Dresdner Zentralbibliothek ein. Im Untergeschoss hat das Kabarett Herkuleskeule eine neue Spielstätte. Beim Dresdner Kulturpalast galt es häufig, sowohl beim Bau als auch bei dem Betrieb, Hindernisse zu überwinden. Dieses Buch erzählt seine bewegte Geschichte.

ENTSTEHUNGS-GESCHICHTE – DER WEITE WEG VON DER IDEE BIS ZUM BAUBEGINN

Aufbau nach dem Krieg unter neuen Vorzeichen

Um den Bau des Kulturpalastes zu verstehen, ist ein kleiner Ausflug in die Geschichte der Stadt erforderlich. Nach dem Krieg glich besonders Dresdens Innenstadt einer Trümmerwüste. Von rund 700 Gebäuden im Stadtzentrum waren etwa 550 total vernichtet und weitere 150 schwer geschädigt. Zunächst mussten Unmengen Trümmerschutt weggeräumt werden. Der damalige Stadtbaurat Herbert Conert rechnete damit, dass es 70 Jahre dauern könnte, bis Dresden wieder aufgebaut sein würde – eine wohl recht realistische Einschätzung. Schon Anfang 1946 gab es erste Pläne, aber auch Streit über das Wie des Aufbaus. Lediglich 26 stark zerstörte Baudenkmale in der Altstadt und 15 in der Neustadt sollten wieder entstehen, so zumindest hatten es die Stadtverordneten im Mai 1951 festgelegt. Doch selbst von dieser überschaubaren Liste wurden später noch die Ruinen von sieben Baudenkmalen, wie der Sophienkirche, der Bürgerhäuser an der Rampischen Straße und des Palais Wackerbarth, beseitigt.

Zur »baulichen Manifestierung« der neuen Ordnung, so hatte es SED-Parteichef und damals stellvertretender Ministerpräsident in der DDR Walter Ulbricht im Sommer 1952 verkündet, sollte Dresden ein neues Antlitz erhalten. Damit verband er die Zusage, Geld für den Aufbau bereitzustellen. So musste Dresden in kürzester Frist einen Aufbauplan vorweisen. In aller Eile wurde ein Wettbewerb zur Gestaltung des Zentrums mit einer Magistrale zwischen Postplatz und Pirnaischem Platz ausgeschrieben. Zu den 16 Grundsätzen des Städtebaus gehörte die Forderung: »Das Zentrum der Stadt ist der politische Mittelpunkt für das Leben der Bevölkerung. Auf den Plätzen im Stadtzentrum finden politische Demonstrationen, Aufmärsche, aber auch Volksfeste an Feiertagen statt.« Damit war die Vorgabe verbunden, den Altmarkt als große Kundgebungsfläche und die Ernst-Thälmann-Straße davor (heute Wilsdruffer Straße) auf einer Länge von 800 Metern extra breit für Demonstrationen zu gestalten.

Architektenbesprechung mit Walter Ulbricht am 31. Mai 1953. Ulbricht vor dem Modell Dresdens

Die Entwürfe für den Altmarkt von Herbert Schneider, der 1954 zum Chefarchitekten der Stadt berufen wurde, und von Johannes Rascher kamen den Vorstellungen nach Bauten im Stil sowjetischer Vorbilder am nächsten. Sie erhielten den Auftrag. Sie verbreiterten den Altmarkt von etwa 100 auf 130 Meter und wahrten damit nicht die ursprünglichen Proportionen des Platzes.

Im Februar 1953 nahm Walter Ulbricht persönlich zum Aufbauentwurf Stellung. »Noch kühner vorwärts schreiten«, titulierte damals die *Sächsische Zeitung*. Eigentlich wollte Ulbricht schon am 1. Januar, dann am 13. Februar zur Grundsteinlegung kommen. Doch das Ausheben der Baugrube dauerte trotz Dreischichtarbeit länger als gedacht. So legte Ulbricht am 31. Mai 1953 den Grundstein am Altmarkt. Das neue Dresden, sagte er, werde auch durch sein architektonisches Bild

Beim Entwurf von Herbert Schneider überragt der 124 Meter hohe Turm alle anderen Türme der Stadt.

den historischen Sieg der Arbeiterklasse über die kapitalistische Gesellschaftsordnung widerspiegeln. Dabei gab es zu dieser Zeit noch nicht einmal eine Baugenehmigung. Für die Westseite lagen die Baupläne im Juli und für die Ostseite erst im Oktober 1953 vor.

Zur Vollendung seiner Visionen vom Wiederaufbau des Altmarkts hatte sich Chefarchitekt Schneider ein monumentales, 124 Meter hohes Turmgebäude an der Nordseite des Platzes vorgestellt. Es hätte nicht nur den Rathausturm, sondern auch alle anderen Türme überragt und die Silhouette der Stadt als neues Wahrzeichen geprägt. Vorbild waren dafür Bauten des sozialistischen Klassizismus in Moskau und Warschau. So hatte er es zumindest beim Wettbewerb 1953 vorgeschlagen.

Als Mitte der 1950er Jahre die Altmarkt-Bebauung an der West- und Ostseite fertig war, stellte sich erneut die Frage nach der Gestaltung des Kulturhochhauses. Der Wettbewerb im Dezember 1959 wurde nach den gleichen Vorgaben ausgeschrieben wie schon sechs Jahre zuvor. Doch es kam anders ...

Ein verschmähter Entwurf
kommt zu Ehren

Ein Wechselspiel der Gefühle: Wie muss es wohl Leopold Wiel zumute gewesen sein, als er im November 1961 überraschend in seinem Wohnhaus auf dem Weißen Hirsch Besuch vom 1. Sekretär der SED-Stadtleitung Kurt John erhielt? »Ich komme, um Abbitte zu leisten«, hat dieser gesagt. Er habe ihn damals gefragt, ob er bereit sei, seinen 1959 eingereichten Entwurf für ein Dresdner Kulturhaus zu überarbeiten, allerdings mit einem veränderten Raumprogramm und geringeren Kosten, erinnert sich Wiel in einem Gespräch mit der Autorin. Der 1916 geborene Professor an der Technischen Hochschule Dresden hatte daraufhin sofort seinen Oberassistenten Siegfried Emmerich angerufen und zu sich gebeten. Nur zwei Tage später legten sie am 27. November 1961 einen überarbeiteten Entwurf vor. Damit fand eine Odyssee ihr Ende.

Beim Wettbewerb für das »Haus der Kultur« zwei Jahre zuvor hatte die SED-Stadtleitung, direkt bestärkt durch Parteichef Walter Ulbricht, einen gigantischen Turm vorgegeben. Die Forderung an die Architekten liest sich so: »Als Symbol unserer Gesellschaftsordnung soll es ein einheitliches, imposantes und weithin sichtbares Gebäude sein. Es muss das beherrschende Bauwerk der Stadt werden. Daher soll es auch als Höhenakzent einen Turm haben. Dieser soll Kraft ausstrahlen und muss daher eine bestimmte Größe haben ...« Die meisten Architekten nahmen das ernst und lieferten bis zu 140 Meter hohe Turmbauten. Anders Professor Leopold Wiel und seine Mitarbeiter Siegfried Emmerich und Klaus Wever. Als Einzige der 28 Teilnehmer verzichteten sie auf die geforderte »Höhendominante«. Bei der folgenden Auseinandersetzung ging es um den grundsätzlichen Umgang mit einer modernen Architektur. Wiel erzählt: »Wir wurden für unseren Entwurf schwer kritisiert. Das sei ideologisch falsch und ich sei ein Anhänger westlicher Architektur. Das stimmte ja. Aber ich war zuvor 1958 beim Internationalen Architektenkongress in Moskau zum Thema Bau und Wiederaufbau. Dabei habe ich einen neuen Geist in der Architektur erlebt. Bei dieser Gelegenheit war ich auch an der Lomonossow-Universität, die ja für Dresden als Vorbild galt.« Wiel hat auf die Kritik des Preisgerichts geantwortet. Die Ursache, dass der Wettbewerb ohne befriedigendes Ergebnis ausgefallen sei, liege daran, dass die Aufgabe unklar gestellt sei und die Nordseite der Ernst-Thälmann-Straße (heute Wilsdruffer Straße) nicht komplex geplant wurde. Er könne nicht akzeptieren, dass es sich um einen Mangel ideologischer Art handele. Beim Kongress in Moskau sei deutlich geworden, dass neue Formen im sozialistischen Städtebau erst gefunden werden müssten.

Die Jury konnte sich damals für keinen der Entwürfe entscheiden. Sie vergab nur einen dritten Preis und tätigte mehrere Ankäufe. Darunter war auch der Wiel'sche Vorschlag, dessen funktionelle Vorzüge die Jury überzeugten. Wiel zog sich zurück. Er hielt den Entwurf von Otto Englberger aus Weimar, der weiterbearbeitet wurde, für gelungen. Im Frühjahr 1961 schien es so, als wären die Würfel gefallen. Als aber die vorgesehene Investitionssumme weiter gekürzt wurde, verzichtete Englberger auf seine »Höhendominante«. Damit rückte Wiels Entwurf eines transparenten flachen Gebäudes plötzlich wieder ins Blickfeld. Die Partei-Oberen in Dresden waren in der Zwickmühle. Einerseits gab es die deutliche Forderung von Walter Ulbricht nach dem prunkvollen Mittelpunkt im sozialistischen Dresden. Andererseits setzte sich Nikita Chruschtschow in der Sowjetunion schon seit 1954 für die Einführung des industriellen Bauens ein. »Schneller, besser und billiger bauen«, so die Devise. Der Zuckerbäckerstil war damit passé und »Industrialisierungsschub« das neue Schlagwort. Das sah Walter Ulbricht jedoch anders und plädierte für einen Sonderweg in der DDR.

Die Bauhistorikerin Susann Buttolo, die sich in ihrer Dissertation mit der Geschichte und Bedeutung des Dresdner Kulturpalastes auseinandergesetzt hat, fasst die damalige Situation so zusammen: »Nach der monatelangen Kontroverse um das Antlitz des Dresdner Kulturhauses hatten die Parteifunktionäre der Stadt- und Bezirksleitung zwar inzwischen die Vorzüge des Wiel-Entwurfes erkannt, sie konnten sich jedoch wegen der von Walter Ulbricht geforderten Höhendominante nicht zu einer Befürwortung durchringen.« Wie es damals oft üblich war, stellte eine Delegation der SED-Stadtleitung die Wettbewerbsarbeiten zum Kulturhaus in Dresden an der Moskauer Architekturfakultät vor. Den turmlosen Vorschlag von Wiel hatte sie mit im Gepäck. Die »Freunde«, wie die sowjetischen Genossen offiziell genannt wurden, sahen in dem umstrittenen Vorschlag die »einzig« mögliche Lösung und empfahlen, ihn weiterzuverfolgen. Mit diesem Entwurf konnte zudem die Dresdner Stadtsilhouette bewahrt bleiben. So kam es zum eingangs geschilderten überraschenden Besuch bei Leopold Wiel.

Die im März 1962 von Wiel, Emmerich und Wever, der zu dieser Zeit schon am Institut für Theaterbauten in Berlin tätig war, vorgelegte Variante V fand schließlich die Zustimmung.

Entwurf von Leopold Wiel für den Dresdner Kulturpalast

Doch der Hochschulprofessor hätte nicht die personellen Kapazitäten gehabt, um den Entwurf umzusetzen. Deshalb wurde im Juni des Jahres der VEB Hochbauprojektierung Dresden mit der weiteren Bearbeitung beauftragt. Das Kollektiv mit den Architekten Wolfgang Hänsch und Herbert Löschau an der Spitze führte es zur Baureife. Zuvor hatten Professor Kurt Hemmerling und sein Institut für Technologie kultureller Einrichtungen die Bühnen- und Saaltechnik beigesteuert.

Bis zum Baubeginn erfuhr das Projekt jedoch weitere Veränderungen, denn das Geld war knapp. Auf das einst geplante Planetarium unter der Dachkuppel musste verzichtet werden. Zusatzbauten wie an der Schloßstraße fielen ebenso weg wie das einst herauskragende Theater an dieser Seite. Ursprünglich wollte die Stadt an der Front zum Altmarkt eine Tribüne mit Platz für tausend Vertreter aus Politik und Gesellschaft haben. Weil aber dieser Vorbau den repräsentativen Eingangsbereich verdeckt hätte, gab es darüber Diskussionen. Dass aber von der 450.000 Mark teuren Tribüne Abstand genommen wurde, hatte am Ende ganz andere Gründe. Im Gespräch mit Buttolo erklärte es Architekt Wolfgang Hänsch so: Der 1. Se-

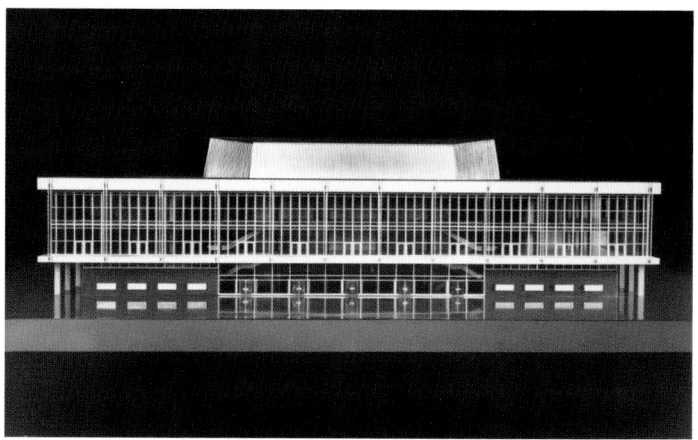

Entwurf von Wolfgang Hänsch für den Dresdner Kulturpalast

Der Kulturpalast im Bau, dahinter links das Johanneum
und rechts die Ruine der Frauenkirche (1968)

kretär der SED-Stadtleitung habe verschämt an seine Tür ge-
klopft und gesagt: »Also wissen Sie, wir nehmen doch Abstand
von dieser Tribüne, weil uns ja dann ständig bei gutem Wetter
die Sonne ins Gesicht scheint, und das kann man die vielen
Stunden, die man hier steht, nicht aushalten.« Fortan wurde
auf der gegenüberliegenden Seite am 1. Mai und bei anderen
Großdemonstrationen eine transportable Tribüne aufgebaut.

Zu weiteren Abstrichen kam es aus Geldmangel. Im März
1962 hatte die Staatliche Plankommission der DDR noch eine
Investitionssumme von 34 Millionen sowie weitere 8,7 Millionen Mark für die Ausstattung beschlossen. Im September
1965 standen nur noch insgesamt 40,2 Millionen Mark zur
Verfügung. Um den Festsaal einschließlich des geplanten
Kippparketts nicht zu gefährden, verzichtete Hänsch auf ein
drittes Geschoss. Die Höhe des Hauses von 19,5 Meter blieb

nahezu unverändert. Ebenfalls aus Kostengründen musste er jedoch die allseitige Transparenz aufgeben. Stattdessen erhielten beide Gebäudeseiten sowie die Front zum Neumarkt Betonformsteine mit einer geometrischen Gitterstruktur. Den Einsparungen fiel auch die halbrunde Kuppel zum Opfer. Um aber dennoch eine Krönung des Hauses zu schaffen, wurde der sechseckige Saal bis übers Dach hinausgeführt und mit einem gefalteten Kupferdach abgeschlossen.

Aufgrund der gravierenden Veränderungen an seinem Entwurf sah Wiel seine Urheberschaft verletzt und hatte 1966 darauf bestanden, dass sein Name mit dem Bauwerk nicht in Verbindung gebracht wird. Aber es war nur ein kurzes Aufbäumen. In einem Brief zum 90. Geburtstag von Leopold Wiel beschreibt Wolfgang Hänsch die acht Jahre dauernde Zusammenarbeit am damaligen Haus der sozialistischen Kultur, »das man noch kurz vor Baubeginn so unbarmherzig schrumpfen ließ. Das brachte den Verlust der schönen Kuppel sowie der Geschlossenheit der Fassade und mancher Funktionen. Was musste dieser Bau alles erdulden!« Hänsch erinnert in dem Brief an »gemeinsam erlittene Sitzungsstrapazen in ehrenamtlichen Gremien« sowie an meist übereinstimmende Standpunkte. 2012 wiederum schrieb Architekturprofessor Wiel, damals 96-jährig, in einem Brief an die Dresdner Oberbürgermeisterin: »Es war ein Glücksfall, dass mit der Planung des Kulturpalastes der geniale Architekt Wolfgang Hänsch als Chefarchitekt beauftragt wurde, der in großartiger Weise das anspruchsvolle Vorhaben zu einem weit über die Grenzen unseres Landes anerkannten Erfolg führte. In den vergangenen Jahrzehnten hat dieses Haus aufgrund seiner gelungenen Multifunktionalität die Herzen der Dresdner Bürger und ihrer Gäste erobert.« Die internationale Kritik habe den Schöpfern eine hohe Anerkennung gezollt. Wiel bat in jenem Brief eindringlich die Stadt Dresden, den geplanten Totalumbau und die damit verbundene Zerstörung des Mehrzweck-

Der Kulturpalast nimmt Form an.

OBEN: Handwerker des VEB Sächsischer Brücken- und Stahlhochbau Dresden bei der Arbeit   UNTEN: Aufwendige Arbeiten am Rang

saals zu überdenken. Es sei nach seiner Überzeugung eine Fehlentscheidung. Dazu später mehr.

Der Festsaal im Rohbau

Viel Ehre brachte der Kulturpalast den Architekten nicht ein. Der Künstler des Wandbilds »Der Weg der roten Fahne«, Gerhard Bondzin, und Philharmonie-Chefdirigent Kurt Masur erhielten 1969 den Nationalpreis, die höchste Auszeichnung der DDR. Walter Ulbricht, der sich mit der Schlichtheit des Kulturpalastes nie anfreunden konnte, hatte hingegen persönlich diese Ehrung für die Architekten abgelehnt. »Die haben ihn verhunzt«, soll er gesagt haben.

Architekt Wolfgang Hänsch hat Dresden geprägt

Im Kulturpalast stand in den ersten Jahren nach der Eröffnung eine Büste von Walter Ulbricht. Später war diese klammheimlich verschwunden. Dies vor Augen weigerte sich Architekt Wolfgang Hänsch, dass die Stadt ihn im umgebauten Kulturpalast in irgendeiner Form ehrt: »Bloß keine Büste.«

Wolfgang Hänsch hat es wie kleine Infarkte empfunden, wenn seine Bauten wie die Einkaufsstraße »Webergasse« im Dresdner Stadtzentrum abgerissen oder wie beim Hochhauskomplex der *Sächsischen Zeitung* extrem umgestaltet wurden. »Sie schmerzen, aber töten nicht«, sagte er in einem Interview. Das Urteil zum Umbau des Saals im Kulturpalast muss ihn stärker getroffen haben. Die Richter haben zwar dessen hohe architektonische Qualität hervorgehoben, letztlich aber der Stadt Recht gegeben. Nun wird der Kulturpalast zwar äußerlich denkmalgerecht saniert, aber sein Herzstück, der vielfältig nutzbare Saal, wird gegen einen Konzertsaal ausgetauscht. Das hat Hänsch nie akzeptieren können. Nur wenige Monate nach dem Gerichtsurteil ist er im September 2013 im Alter von 84 Jahren gestorben.

Am 11. Januar 1929 in Königsbrück geboren, trat Hänsch 1948 ein Studium an der Staatsbauschule Dresden an. Nach dem Abschluss als Bauingenieur mit der Fachrichtung Hochbau und Architektur begann er Ende 1951 in dem Büro VEB

Bauplanung Sachsen. Dessen Name hat sich etwa zehnmal verändert, doch Hänsch blieb bis 1973 dort. 1961 war er Chef des Büros geworden. In diese Zeit fiel nicht nur der Bau des Kulturpalastes, sondern auch die Gestaltung des Wohn- und Geschäftskomplexes Borsbergstraße. Erstmals wurde dort 1957 der Schritt von der Großblockzur Tafelbauweise gewagt, die raumhohe Plattenbauweise getestet, erinnerte sich Hänsch. Mit der gestalterischen und

Wolfgang Hänsch und Leopold Wiel 1968 im Gespräch vor dem im Bau befindlichen Dresdner Kulturpalast

konstruktiven Novität begann das eigentliche industrielle Bauen in Dresden. Hänsch bedauerte, dass mit der Sanierung wesentliche plastische Elemente verlorengingen. Die Borsbergstraße steht heute unter Denkmalschutz. Auch für das Redaktionshaus der *Sächsischen Zeitung* und das an die »Webergasse« angrenzende Kinderkaufhaus zeichnete Hänsch verantwortlich. Für viele überraschend übernahm er 1974 die Leitung für den Wiederaufbau der Semperoper. Ausgerechnet der Mann der Moderne setzte letztlich durch, dass das Operngebäude nach den Plänen von Gottfried Semper rekonstruiert wurde. Erweiterungen und Theaterwerkstätten gestaltete

Hänsch jedoch im zeitgemäßen Stil. 1985 wurde die Semperoper wiedereröffnet.

Nach der politischen Wende entschied sich Hänsch für die Selbständigkeit. Sein Können und Wissen war beispielsweise bei der Sanierung des Schauspielhauses und dessen Umbau von Zuschauerraum und Foyer gefragt. Letztlich hat er 1969 mit dem Kulturpalast, 1985 mit der Semperoper und 1995 mit dem Staatsschauspiel alle bedeutenden Bühnen der Stadt errichtet – eine einmalige Leistung.

Als Vertreter der Moderne hat er Dresden geprägt wie kaum ein anderer Architekt. Auch beim Streit vor Gericht ging es ihm in erster Linie um den respektvollen Umgang mit der Nachkriegsmoderne oder auch Ost-Moderne in der Stadt. Hänsch war sein Leben lang ein Vertreter jener Richtung. Freunde bezeichneten ihn als Mann von stiller Größe – zurückhaltend, nie laut, aber dennoch bestimmt, wenn es um die Bauqualität ging. Kein anderer Architekt hat über einen so langen Zeitraum von mehr als 50 Jahren und mit so viel Hingabe um den Wiederaufbau der zerstörten Stadt Dresden gerungen und preisgekrönte Bauwerke geschaffen, die weit über die Landesgrenzen hinaus Bedeutung erlangten. So würdigte ihn der Bund Deutscher Architekten (BDA) Sachsen bei einem Kolloquium 2014. 20 Jahre lang, von 1969 bis 1989, hatte Hänsch die BDA-Bezirksgruppe geleitet. 2009 erhielt er anlässlich seines 80. Geburtstags die Ehrenpromotion der Technischen Universität Dresden für sein Lebenswerk. Gearbeitet hat Wolfgang Hänsch noch wenige Stunden vor seinem Tod. Einfach aufhören wäre nicht sein Ding gewesen.

Nach 33 Monaten war der Bau vollendet

Doch zurück zu seinem Kulturpalast und dessen langer Planung. Mehr als ein Jahrzehnt nach Vollendung der Wohn- und Geschäftshäuser am Altmarkt legte der damalige Oberbürger-

22. November 1968: Oberbürgermeister Gerhard Schill schlägt zum Richtfest den letzten Nagel in die Dachverkleidung.

meister Gerhard Schill am 13. Februar 1967 den Grundstein, symbolträchtig am 22. Jahrestag der Zerstörung Dresdens. Mit dem größten kulturellen Objekt werde zugleich ein neues Kapitel in der Baugeschichte der DDR eröffnet, hatte Schill erklärt. Der Bau wurde, wie es damals so üblich war, zum Jugendobjekt erklärt. Bauschaffende von 62 Betrieben, staatlichen wie privaten, waren daran beteiligt.

Ursprünglich waren 36 Monate Bauzeit vorgesehen. Doch zu so einem Vorzeigeprojekt gehörte damals auch eine Planübererfüllung. Spätestens als der Oberbürgermeister am 22. November 1968 beim Richtfest den letzten Nagel in die Dachverkleidung einschlug und den Kranz hochziehen ließ, stand fest: Der Dresdner Kulturpalast, das betraf übrigens auch die Prager Straße, wird als Geschenk zum 20. Jahrestag der DDR seiner Bestimmung übergeben werden, also drei Monate eher. So weit die Legende. Im Gespräch mit der Autorin erklärte Komplexbauleiter Gottfried Ringelmann vom Baukombinat Dresden, dass die Verträge von Anfang an eine

24

Bauzeit von 33 Monaten vorsahen. Die wurden exakt eingehalten. Eine Beteiligung ausländischer Fachkräfte am Bau, wie in der damaligen Berichterstattung erwähnt, könne er nicht bestätigen.

Der Bauingenieur war später auch Oberbauleiter beim Wiederaufbau von Semperoper und Schloss, ebenso war er für den Bau von Gemäldegalerie, Frauenkirche und Dreikönigskirche zuständig. Für den Kulturpalast rief Ringelmann über das Nationale Aufbauwerk die Bevölkerung zur Mitarbeit auf. 3700 Arbeitsstunden, erklärte er gegenüber Journalisten, kamen zusammen. Der damals in Dresden hochverehrte Conférencier O. F. Weidling hatte 1968 in der Presse die Künstler und die Dresdner zum Mitmachen aufgerufen: »Zimmern wir mit an den Brettern, die uns ja die Welt bedeuten sollen. Ja, bauen wir mit an unserem neuen Haus; warten wir nicht, bis uns gleißende Scheinwerfer erst ins rechte Licht rücken.« Weid-

Komplexbauleiter für den Kulturpalast Dresden: Gottfried Ringelmann

ling machte selbst mit. Auch andere Künstler wie Ulli Busch, Alexander Bauer, der Philharmonische Chor und sein Leiter Wolfgang Berger, die vier Brummers mit Wolfgang Roeder sowie Artisten vom Zirkus Busch werden in dem Zeitungsartikel genannt. Gern wurde in den Medien ein Foto gezeigt, auf dem eine Putzbrigade junger Frauen in kurzen Hosen bzw. Kittelschürzen, mit Besen und Schaufel in der Hand, zur »Grob- und Feinreinigung« des Kulturpalastes vor der Übergabe ging.

In Zeitungsbeiträgen jener Zeit werden folgende Fakten genannt: Auf der 35 000 Quadratmeter großen Baustelle wurden 75 000 Kubikmeter Erde bewegt. Mehr als drei Millionen Kubikmeter Grundwasser mussten aus 16 Ziehbrunnen gepumpt werden, um die Baugrube bis zur Isolierung des Fundaments trocken zu halten. Für das Bauwerk mit einer Grundfläche von 7380 Quadratmetern und 198 600 Kubikmetern umbauten Raum wurden 31 500 Kubikmeter Beton, 1766 Tonnen Betonstahl, 2000 Kubikmeter Holz und 36 000 Quadratmeter Kupferblech verarbeitet. Erstmals wurde in der Stadt beim Kulturpalast an Säulen, Brüstungen und der Fassade weißer Beton eingesetzt, erklärt Ringelmann.

Studenten aus jener Zeit erinnern sich, wie sie mit Scheuerpulver das Kupfer polierten. Anschließend bekam die Dachhaube eine Schicht aus Fluorcarbon-Lack. »Der Staat wollte glänzen«, so der Kommentar des Komplexbauleiters. Weil es in der DDR so einen Lack nicht gab, musste er für Devisen eingekauft werden, wahrscheinlich aus Schweden. Erst Jahrzehnte später setzte die Kupferhaube infolge der durch Umwelteinflüsse verlorenen Lackschicht schwarze Stellen an und sah alles andere als schön aus. Deshalb ließ die Stadt 1996 in mühevoller Kleinarbeit die letzten Lackreste beseitigen. Nun setzt das Kupferdach die bekannte Patina an.

Der Kulturpalast vom Altmarkt aus gesehen (1972)

ARCHITEKTUR – DER VIELFÄLTIGE PALAST

Ein Haus voller Kunstwerke

Auch wenn der Dresdner Kulturpalast kein klassischer Protzbau ist, zeichnet er sich doch durch die Verwendung von sehr wertvollen Materialien wie Marmor, Granit und Edelhölzern sowie bedeutenden Kunstwerken aus. Im großen Mehrzwecksaal waren Palisander, Makassar und Teakholz sowie Eichenparkett verarbeitet. Die Eingangsfoyers und die an Schmetterlingsflügel erinnernden seitlichen Treppenhäuser sind mit Lausitzer Granit ausgelegt. Im zentralen Foyer waren Stützen und Wandscheiben mit Marmorplatten ausgestattet. Die Handläufe der Treppengeländer im Haus und Banderolen an Säulen sind aus wertvollem Makassar-Furnier. Die Wände und Decken der Studiobühne sind ebenfalls aufwendig mit

Das elegante Foyer des Kulturpalastes

OBEN: Foyer des 1. Obergeschosses **UNTEN:** Die Studiobühne

RECHTS: Das Treppenhaus

Der Wandfries »Unser sozialistisches Leben« im 1. OG

Holz verkleidet und die Lampen in die Deckenstruktur einge-
gliedert.

Markant sind die fünf großen, mit Bronzereliefs gestalteten Eingangstüren, die später näher vorgestellt werden. Zu den
Besonderheiten im Kulturpalast gehört die sogenannte Kranichdecke. Sie befand sich ursprünglich im Restaurant. Ihre
an Kraniche erinnernden Gipsteile waren in einem dunklen
olivfarbenen Ton gefasst. Die dazugehörigen Lampen hatten
einen weißen Spritzanstrich. Hell musste es im Kulturpalast
immer sein. Nicht nur die Lampen, sondern selbst die Standaschenbecher wurden für den Kulturpalast eigens entworfen.
Letztere hatte der Künstler Heinz Zimmermann gestaltet. Im
ersten Obergeschoss befindet sich der Wandfries »Unser sozialistisches Leben«, gestaltet von Heinz Drache und Walter
Rehn. Aus dem Kulturpalast verschwunden ist hingegen der
Gobelin »Heitere Reminiszenzen aus Dresden«, der einst eine
Holzwand im Restaurant schmückte. Nach Recherchen der
Restauratorin Sandra Eva Risz wurde das Kunstwerk 1990 an
die Künstlerin Christa Engler-Feldmann zurückgegeben. Nur
mit einem Kunstwerk taten sich Architekten und Bauleute
schwer, dem großen Bild an der Schloßstraße.

Das Wandbild »Der Weg der roten Fahne«

Auffällig und eigentlich nicht zum Baustil passend ist das monumentale Wandbild an der Schloßstraße, der Westseite des Kulturpalastes. Eine große Frauengestalt hebt sich darauf deutlich von den rund 70 anderen Personen ab. Was will sie dem Betrachter sagen? Die Faust vor der roten Fahne erhoben, soll sie als Symbolgestalt das Volk verkörpern, Freiheit und Sehnsucht und auch Mütterlichkeit. »Der revolutionäre Kampf der deutschen Arbeiterklasse seit dem *Kommunistischen Manifest* ist der von Siegen und Niederlagen gekennzeichnete Weg der roten Fahne, der durch die Existenz des ersten sozialistischen Staates deutscher Nation gekrönt ist«, so drückte es Professor Gerhard Bondzin kurz nach der Einweihung des Kulturpalastes aus. Und weiter: »Wir haben beabsichtigt, diese untrennbare Einheit von Klassenkampf, gesellschaftlichem Fortschritt und Kultur mit den Mitteln der bildenden Kunst in eine harmonische Verbindung zum neuerbauten Kulturpalast zu bringen.« Unter Leitung des Rektors der Hochschule für Bildende Künste Dresden hatten Professoren und Dozenten, Assistenten und Studenten das monumentale Werk geschaffen. In den Archiven werden dabei Alfred Hesse, Gerhard Stengel, Gerhard Präkelt, Emil Spiess, Martin Hänisch und Wolfgang Richter genannt.

Damals berichteten die Zeitungen, dass wichtige Bildaussagen zur 120-jährigen Geschichte der Arbeiterbewegung auf der Basis der Diskussion mit Produktionsarbeitern beispielsweise des VEB Transformatoren- und Röntgenwerks entstanden sind. Bekannt ist gleichzeitig eine direkte Einflussnahme des damaligen Staatsratsvorsitzenden Walter Ulbricht. Er ist nicht nur auf dem Wandbild rechts oben unter dem Lenin-Kopf deutlich zu erkennen, sondern soll auch ausdrücklich sein Einverständnis zu dem Kunstwerk gegeben haben.

Die Bildkomposition ist dem Schwingen der roten Fahne nachempfunden. Die rote Fahne wandert von einem historischen Ereignis zum nächsten, wird symbolisch von Generation zu Generation weitergegeben, so beschreibt die Autorin Antje Kirsch in ihrem Buch *Dresden. Kunst im Stadtraum* das Bild: Etappen sind von links nach rechts die Aufstände der bürgerlich-demokratischen Revolution 1848, die Herausgabe des *Kommunistischen Manifests* durch Marx und Engels, die Oktoberrevolution 1917, Thälmann und die deutschen Kommunisten im ersten Drittel des 20. Jahrhunderts. Ein Tiefpunkt ist das Dritte Reich, die Fahne wird zum Leichentuch. Mit der Befreiung durch die Rote Armee wird der Aufbau des Sozialismus begonnen. Das Volk schart sich um einen »weisen Alten«, um Walter Ulbricht. Rechts im Bild wird die Zukunft angekündigt. Auf einem Lochstreifen, wie er damals in der Datenverarbeitung verwendet wurde, ist der Titel des Bil-

Das Wandbild »Der Weg der roten Fahne« entsteht:
Marx und Engels mit dem *Kommunistischen Manifest*

des »Der Weg der roten Fahne« zu lesen. Soldaten und Waffen zeugen davon, dass harte politische Auseinandersetzungen bevorstehen.

Antje Kirsch hat sich intensiv mit der Geschichte des Wandbilds befasst und in den Archiven gewühlt. Es war seit 1962 geplant, an der Ost- und Westfassade des Kulturpalastes zwei Flächen mit Reliefs oder Mosaiken zu gestalten. 1966 lobte die Stadt den Wettbewerb zur künstlerischen Gestaltung aus, allerdings nur für die Westseite. Als Vorbild sollte die Fassade des Kinos *International* in Berlin dienen. 21 Künstler haben sich am Wettbewerb unter dem Thema »Die Veränderbarkeit der Welt« beteiligt. So schlugen Rudolf Sitte und Vinzenz Wanitschke recht abstrakt wirkende Betonreliefs vor. Ein Entwurf stammte von Ralf Winkler, jenem Künstler, der später unter dem Namen A. R. Penck weltberühmt wurde. Sein an Pharaonen erinnernder Vorschlag rief aber bei der Jury, bestehend aus vier Architekten, drei Bildhauern und drei Mitarbeitern des Rates der Stadt, wenig Begeisterung hervor. Er wurde bereits in der ersten Jurysitzung wie acht weitere Arbeiten ohne Begründung aussortiert. Zwei zweite Plätze erhielten Wanitschke und Sitte mit der Aufforderung, ihre Entwürfe zu überarbeiten. Am Ende fiel die Entscheidung für das Betonrelief von Rudolf Sitte. Überzeugt davon schienen die Stadtoberen aber nicht zu sein: Das »sozialistische Menschenbild« sei vernachlässigt worden. Jahrzehnte später sagte Kulturpalast-Architekt Wolfgang Hänsch in einem Interview mit dem Architekturkritiker Wolfgang Kil: »Wenn man genau hinsah, stimmte das sogar: In seiner Komposition war nirgends ein Kopf zu sehen, nur eine Faust.« Hammer, Sichel und Sternensymbol lassen sich auch erkennen.

Die Stadt schrieb deshalb prominente DDR-Künstler an und bat um Entwürfe. Wenn schon der Kulturpalast eher schlicht gebaut wurde, wünschten sich die Dresdner SED- und Stadtchefs, wohl auch im vorauseilenden Gehorsam zu den

OBEN: Reliefentwurf von Rudolf Sitte **MITTE:** Der Entwurf Vinzenz Wanitschkes **UNTEN:** Relief von Ralf Winkler / A. R. Penck

34

Vorstellungen von Ulbricht, eine kraftvolle Gestaltung, die die Überlegenheit der sozialistischen Gesellschaftsordnung zum Ausdruck bringen sollte. Nicht das *International*, sondern das Haus des Lehrers in Berlin stand plötzlich Pate. Ohne Wettbewerb erhielt nun Alfred Hesse, Dozent für Wandmalerei an der Hochschule für Bildende Künste (HfBK) in Dresden, den Auftrag für ein Wandbild. Doch die Zeit drängte, im Frühjahr 1968 war der Bau des Kulturpalastes schon weit fortgeschritten. Für eine Wandmalerei war es eigentlich schon zu spät. In dieser Phase schien der Vorschlag von HfBK-Rektor Gerhard Bondzin ein Glücksfall. Bondzin, der ursprünglich ein Wandbild für das im Bau befindliche Gebäude des Elektrotechnikspezialisten Robotron entworfen hatte, schlug vor, ein Wandbild mit Hilfe eines elektrostatischen Beschichtungsverfahrens auf Betonplatten zu übertragen. Er erhielt den Auftrag.

Das Verfahren war ursprünglich von einem Team der Hochschule für Verkehrswesen Dresden für den Wohnungsbau entwickelt worden, erklärte Professor Wolfgang Kleber, der damals die Forschungsgruppe leitete. Das Bild besteht aus 466 unterschiedlich großen Platten. Diese wurden mit Kleber und Farbe vorbereitet und mit elektrostatisch geladenem bunten Glassplitt und geschrotetem Kork beschossen. Nur den roten Stern in der linken Seite des Bildes trugen die Künstler mit der Hand aus zertrümmerten Glasbrocken auf. Anschließend fixierten sie alles mit einer weiteren Schicht Kleber. Die Kunsthochschule ließ die Nachwelt an ihrem Werk teilhaben, indem sie einen Film über die Fertigung des Wandbilds drehte. Darin wird erklärt, dass das Verfahren von der Hochschule entwickelt wurde – wahrscheinlich ist weiterentwickelt richtiger. Hinter der letzten Platte bauten die Kunsthandwerker eine Flaschenpost ein. Diese soll künftigen Generationen den Stolz auf den »Sieg des Sozialismus« verkünden.

Statt des farbenkräftigen Monumentalwerks hätte Chefarchitekt Wolfgang Hänsch lieber die Arbeit von Rudolf

»Der Weg der roten Fahne« trotzt den Zeiten.

Sitte gesehen. Als stillen Protest haben die Architekten nach der Ablehnung dieses Entwurfs keine Vorkehrungen für das Bondzin-Bild geschaffen. »Das wurde uns schwer verübelt«, so Hänsch später.

Die Entstehung des 30 Meter langen und 10,5 Meter langen Wandbilds war eindeutig politisch motiviert, Teil der Propaganda. So ist es auch nicht verwunderlich, dass sich Dresden nach der politischen Wende 1989/90 mit dem Kunstwerk schwertat. Nicht einmal die Hochschule wollte damit in Verbindung gebracht werden. Nachdem eine Platte abgefallen war, verhüllte jahrelang ein grünes Netz den »Weg der roten Fahne«.

Seit 2001 steht das Wandbild unter Denkmalschutz. Es sei ein wichtiges zeitgeschichtliches Zeugnis und wirke wie ein Fenster in die Zeit. So helfe es, die Geschichte zu erschließen, erklärt Bernhard Sterra. Der Abteilungsleiter für Denkmalschutz in der Dresdner Stadtverwaltung ist froh, dass »Der Weg der roten Fahne« mit der Sanierung des Kulturpalastes gereinigt und restauriert wurde. Damit verschwand auch der Vorhang. Viele Dresdner teilen übrigens die Auffassung des Denkmalchefs: Das Wandbild gehört zur Geschichte der Stadt, egal ob man es mag oder nicht.

Das Kippparkett als Besonderheit

Mit dem Bauwerk Kulturpalast war Manfred Schröter eng verbunden. Der Theaterfachmann hatte schon zum Ende der Bauphase die technische Leitung übernommen. Bis 1974 blieb er Technischer Direktor im Kulturpalast. In der ersten Informationsbroschüre des Hauses, die zur Eröffnung erschienen war, erklärte er das Raumprogramm.

»Der Festsaal bildet den funktionellen und räumlichen Teil und Mittelpunkt des Gebäudes. Um ihn herum gruppieren sich in den einzelnen Geschossen an der Außenfront

Festsaal mit Bühne und Orgel

alle anderen Räume. Entsprechend ihren Funktionen sind sie jeweils in den vier Segmenten zusammengefasst. An der Südseite des Gebäudes befinden sich die Foyers, an der Westseite die Gesellschafts- und Clubräume, an der Nordseite die Künstlergarderoben und die Büros, an der Ostseite die gastronomischen Einrichtungen.

Durch fünf Haupteingänge und zwei Nebeneingänge erreicht der Besucher über die Zentralgarderobe, sechs Treppenhäuser sowie über zwei Aufzüge die einzelnen Räume in drei Geschossen. Die sanitären Einrichtungen sind zentral im ersten Zwischengeschoss angeordnet. Von diesem Geschoss erreicht der Besucher den großen Festsaal in der Parkettebene über vier Eingänge.

Im ersten Obergeschoss stehen den Besuchern eine öffentliche Gaststätte mit fast 200 Plätzen, zwei Gesellschaftsräume und das Studiotheater mit 192 Plätzen zur Verfügung. Von hier aus kann man das Stufenparkett des Festsaals erreichen. Das zweite Obergeschoss beherbergt sieben Club- und Zirkelräume, drei Gesellschaftszimmer und eine Ausstellungshalle mit drei Zirkelkabinen. Zirkel nannte man damals Arbeitsgemeinschaften oder Personengruppen mit gleichen Interessen. Während der Vorstellungspausen lädt ein Imbiss den Besucher zur Erfrischung ein. Von diesem Geschoss aus ist der gesamte Rang über vier Eingänge zu erreichen.

In Zahlen sah das Raumprogramm so aus:

Festsaal	1615 Quadratmeter und 2433 Plätze
Studiotheater und Foyer	449 Quadratmeter und 192 Plätze
Gesellschaftsraum I	130 Quadratmeter und 54 Plätze
Gesellschaftsraum II	325 Quadratmeter und 124 Plätze
Proberaum der Dresdner Philharmonie	231 Quadratmeter
Restaurant	432 Quadratmeter und 198 Plätze

Einen besonderen Anziehungspunkt bildet der Festsaal. Er ist ein ausgesprochener Mehrzwecksaal, das heißt, er muss verschiedenen Anforderungen wie Konzert, Tanz, Film, Kongresse usw. gerecht werden.«

Manfred Schröter bescheinigte den Architekten, eine gute gestalterische und technische Lösung gefunden zu haben. Als technische Besonderheit zur Einhaltung aller Funktionen des Festsaals seien die drehbaren Gassentürme und das Kippparkett anzusehen. Letzteres wurde wie die gesamte Bühnentechnik vom VEB Sächsischer Brücken- und Stahlhochbau Dresden, heute SBS Bühnentechnik, geschaffen. Die Gassentürme schließen den Saal optisch ab und erlauben gleichzeitig szenische Verwandlungen von der Seitenbühne zur Hauptbühne. Das Kippparkett bietet die Möglichkeit, bei szenischen Darbietungen auf einer Saalschräge die Aufführungen zu verfolgen oder bei Tanzveranstaltungen die gesamte Saal- und Bühnenfläche in einer Ebene zu nutzen.

Die Garderobenhalle hatte eine Fläche von 1370 Quadratmeter. Für die Künstler gab es zudem acht Sologarderoben mit jeweils 19 Quadratmeter, zwei Chorgarderoben mit jeweils 63 Quadratmeter, zwei je 34 Quadratmeter große Ballettgarderoben. Der Probensaal für das Orchester war 180 Quadratmeter groß. Den Mitarbeitern des Kulturpalastes und der Dresdner Philharmonie standen 22 bzw. 10 Büroräume zur Verfügung. Die Gastronomie konnte auf insgesamt 1831 Quadratmetern die Speisen vorbereiten und lagern.

LEBEN IM KULTURPALAST – EIN HAUS FÜR DIE DRESDNER

Vielfältige Nutzungsmöglichkeiten

Gebaut wurde das Haus der sozialistischen Kultur auch als Tagungsstätte. So fanden nicht nur kulturelle Höhepunkte statt, sondern es trafen sich regelmäßig auch Mitglieder der SED-Bezirks- und Kreisleitungen und anderer Parteien, organisierten gesellschaftliche Einrichtungen der DDR große Konferenzen. Die Dresdner hatten sich auf ihr Haus gefreut. Gut zwei Wochen nach der feierlichen Übergabe berichtete die *Sächsische Zeitung*: »Nahezu 35 000 Werktätige besuchten seit dem 4. Oktober, dem Tag der Eröffnung, Veranstaltungen im Dresdner Kulturpalast am Altmarkt: Sie waren Gäste von

August 1972: Erstes zentrales Rätetreffen der Pionier-organisation »Ernst Thälmann« im Dresdner Kulturpalast

sechs Konzerten der Philharmonie und der Staatskapelle, sahen die Gastspiele des berühmten polnischen Gesangs- und Tanzensembles Mazowsze oder zollten dem *Urfaust*, dargeboten vom Arbeitertheater des VEB Plattenwerke ›Max Dietel‹ Meißen, ihren Beifall.« Diese Veranstaltungen seien ebenso ausverkauft gewesen wie die zwei Auftritte des Moskauer Bolschoi-Balletts. Der Beifall sei aufgebraust, als die berühmte Primaballerina Maja Plissezkaja die Bühne des Kulturpalastes zum ersten Mal betrat. Auch andere Solisten wie ihr Partner Sergei Radchenko oder Natalia Bessmertnowa und Boris Akimow wurden umjubelt.

OBEN: Natalia Bessmertnowa in *Chopiniana* 1969 im Kulturpalast **RECHTS:** Die legendäre Maja Plissezkaja trat mit dem Bolschoi-Ballett 1969 hier auf.

Von Anfang an bewährte sich der Kulturpalast aber auch als Veranstaltungsort internationaler Kongresse. Schon wenige Monate nach der Eröffnung war Dresden im Mai 1970 Gastgeber des 5. Welt-Getreide- und Brotkongresses. Zu den Besonderheiten gehörten Veranstaltungsreihen, die vom Kulturpalast selbstgestaltet wurden und dank ihrer Vielfalt und Qualität sehr beliebt waren. Die heitere Muse ist eine ernste Frage, formulierte es Wolfgang Grösel, Presse- und Werbechef des Hauses. Sei es »Auf, auf zum fröhlichen Jagen«, eine Reihe zum Thema »Jäger, Wild und Weidwerk«, sei es das beschwingte Programm »Von Herz zu Herz« in Zusammenarbeit mit der Volkssolidarität oder die »Palast-Illustrierte«, die das Publikum populärwissenschaftlich und unterhaltsam mit Fragen aus Politik und Wirtschaft, Kultur und Kunst, Sport und Technik vertraut machte.

Bereits im Januar 1970 hatte die Reihe »Schlager im Palast« Premiere. Es folgten viele weitere wie »Rosen für unsere Frauen« und »Brückenmännchen«-Revue, alles Kreationen vom Künstlerischen Direktor Heinz Burghard. Diese Eigenproduktionen behaupteten sich über Jahrzehnte und wurden zum Publikumsrenner. Viele Familien erinnern sich heute noch gern an die nachmittägliche Veranstaltung am 24. Dezember »Sind die Lichter angezündet«. Zu den beliebten Shows zählten auch: »Palast-Varieté«, »Prominente einmal anders«, »Maibowle«, »Cocktail international« und »Palast-Extra-Ausgabe«, alles Formate, die Regisseur Joachim Schlese kreierte. Im Kulturpalast war auch der von der Technischen Universität Dresden gegründete Jugendclub International zu Hause. Er organisierte für das junge Publikum Veranstaltungen wie »Rhythmus des Jahres«, »Die Orgel von Bach bis Beat«, »Kreuzworträtsel für junge Leute« und »Soli-Beat«.

Besonders Heinz Burghard sind Formate zur Nachwuchsförderung wie »Goldener Rathausmann« und »Patente Talente« zu verdanken. Damit bekamen junge Künstler die Chance, sich vor dem Publikum zu beweisen und so vielleicht auch den Sprung auf die große Bühne zu schaffen. Ältere Dresdner liebten das zu Spiel und Tanz einladende »Und das Herz ist jung geblieben« in den Gesellschaftsräumen. Zu den Familientagen gab es zudem Programme für alle Altersgruppen auf allen Spielflächen.

Insgesamt standen die Dresdner bei zahlreichen Veranstaltungen Schlange, um Karten zu ergattern. Der Kulturpalast war sehr häufig ausgebucht. Er bedeutete für viele Sachsen ein Stück Identität.

OBEN: »Schlager im Palast« 1977, von links: Dani Marsan, Antonia und Roy Black   UNTEN: 1979: Die Kultband Karat zum »Soli-Beat« im Festsaal

Eine neue Heimat für
die Dresdner Philharmonie

Die Dresdner Philharmonie erhielt mit dem Kulturpalast eine neue Heimstatt. So bezeichnete Chefdirigent Kurt Masur das Haus als ein Geschenk. »Die Dresdner Philharmonie wird alles dafür tun, dass dieser herrliche Bau den Ruf der Kunststadt und damit unserer Republik weiter festigen hilft«, schrieb Masur damals ins Gästebuch. Er erinnerte an die Gründung der Philharmonie und den Wiederaufbau des Orchesters nach dem Krieg.

Knapp hundert Jahre zuvor hatte die Geschichte der Dresdner Philharmonie im November 1870 mit der Eröffnung des ersten großzügig angelegten Konzertsaals des Dresdner Gewerbevereins begonnen. Jener Saal im Gelände An der Herzogin Garten war im Neorenaissance-Stil ausgestattet und besaß eine vorzügliche Akustik. Er bot etwa 2000 Zuhörern Platz. Zur Einweihung ließ das Stadtmusikcorps unter Leitung seines Direktors Moritz Erdmann Puffholdt Beethovens Ouvertüre *Die Weihe des Hauses* erklingen. Fortan sorgte der Gewerbeverein für allwöchentliche Konzerte im neuen Saal. Indem der Gewerbeverein ein Orchester verpflichtete, bildete sich die Gewerbehauskapelle heraus. Ab 1885 bot der auf 70 Musiker angewachsene Klangkörper seine Philharmonischen Konzerte an. 1909 war er das erste deutsche Orchester, das in den USA auf Tournee ging. Sechs Jahre später trat es als Dresdner Philharmonisches Orchester auf. 1923 wurde der Name in Dresdner Philharmonie geändert.

In der Bombennacht vom 13. zum 14. Februar 1945 verloren die Philharmoniker ihren Konzertsaal, die wertvolle Notenbibliothek, das Archiv und einen bedeutenden Teil ihrer Instrumente. Auch unter den Musikern gab es zahlreiche Tote zu beklagen. Dennoch erklangen im Gemeindesaal der Strehlener Kirche schon am 8. Juni 1945 wieder Mozarts *Kleine Nacht-*

Die Dresdner Philharmonie mit Chefdirigent Kurt Masur ist in den Kulturpalast eingezogen.

musik und andere Stücke. Es war eines der ersten Konzerte im Nachkriegs-Deutschland. Am Dirigentenpult stand Gerhart Wiesenhütter. Im Dezember 1946 weihten die Philharmoniker den Steinsaal im Deutschen Hygiene-Museum ein. Weil er allerdings nur 800 Plätze bot, konnten die Kartenwünsche nicht annähernd erfüllt werden.

Mit der Einweihung des Kulturpalastes erhielten Musiker und Zuhörer mehr Platz und einen festlicheren Rahmen, auch wenn es sich nicht um einen reinen Konzertsaal handelte. Die Stadt Dresden hatte zudem die »Planstellen« für ihr Orchester auf 120 erhöht. »Für uns bietet dieser Saal die Gewähr, dass die äußeren Gegebenheiten für die weitere Aufwärtsentwicklung des Orchesters zu unser aller Nutzen und Freude wesentlich unterstützt werden«, erklärte damals Kurt Masur. Das offizielle Eröffnungskonzert fand am 7. Oktober 1969 statt, dem 20. Gründungstag der DDR. Es erklangen die *Weihe des Hauses* sowie die 9. Sinfonie von Ludwig van Beethoven. Bereits am 2. Oktober 1969 hatte der damalige Dresdner Oberbürgermeister Gerhard Schill dem Kulturpalast-Direktor Werner

OBEN: Chefdirigent Kurt Masur wird zur Eröffnung mit stürmischen Ovationen gefeiert. **UNTEN:** Am 27. August 1970 intoniert die Dresdner Philharmonie die *Alpensinfonie* von Richard Strauss im ausverkauften Festsaal.

Matschke den Schlüssel übergeben. Einen Tag später öffnete sich das Haus für die Bauschaffenden zum ersten Mal. An dem Festprogramm sollen 1400 Berufs- und Volkskünstler mitgewirkt haben.

Auch für die Staatskapelle Dresden boten sich mit dem Kulturpalast völlig neue Auftrittsmöglichkeiten. Am 10. Oktober 1969 war das Orchester zum ersten Mal Gast im neuen Kulturhaus. Bis zum Ende der Spielzeit 1991/92 musizierte es im Kulturpalast-Saal, danach zog es in die Semperoper um.

Am 7. Oktober 1969 steht die Dresdner Philharmonie mit den Philharmonischen Chören erstmals auf der Kulturpalast-Bühne im Festsaal. Am Pult: Kurt Masur, Solisten: Sylvia Geszty, Annelies Burmeister, Peter Schreier und Theo Adam

Hier gibt es ebenso geschichtliche Parallelen: Der Vorläufer der Staatskapelle, die Königliche Hofkapelle, hatte auch mit Beginn der Konzertsaison 1871/72 im Gewerbehaussaal gespielt. 1889 war sie dann in das Opernhaus umgezogen. Während die Staatskapelle aus dem Orchester für den Adel hervorging, hat die Philharmonie ihre Wurzeln in der städtischen Ratsmusik.

Seit ihrer Gründung arbeitet die Dresdner Philharmonie mit den bedeutendsten Dirigenten der jeweiligen Epoche zusammen. In den 30er Jahren des 20. Jahrhunderts gelangte das Orchester vor allem unter Paul van Kempen zu Weltruhm. Dieser wiederum holte als Gäste große Dirigenten wie Arthur Nikisch, Hermann Abendroth, Hans Knappertsbusch, Fritz Busch, Erich Kleiber und Joseph Keilberth ans Pult. Nach dem Zweiten Weltkrieg war Chefdirigent Heinz Bongartz maßgeblich für den Wiederaufbau des Orchesters verantwortlich. Er verpflichtete ab 1955 auch Kurt Masur als Dirigenten. Von 1967 bis 1972 leitete Masur das Orchester als Chefdirigent. Von 1986 bis 1995 hatte Jörg-Peter Weigle diese Aufgabe inne. Von 2003 bis 2011 stand Rafael Frühbeck de Burgos an der Spitze der Philharmonie. Ihm folgte Michael Sanderling. Dieter Härtwig, zwischen 1965 und 1997 Chefdramaturg der Philharmonie, hat in mehreren Büchern die Geschichte des Klangkörpers dargelegt. Legendär sind auch seine Einführungsvorträge, die er vor den Konzerten hielt.

Doch bei aller Freude über den neuen Saal im Dresdner Kulturpalast gab es auch immer wieder Kritik an der Akustik. Deshalb wurden schon in den 1980er Jahren bei den Konzerten Wände aus Plexiglas auf der Bühne aufgestellt. Diese wirkten wie eine Konzertmuschel und gewährleisteten, dass sich Musiker und Sänger besser hören konnten. Initiiert wurden diese Wände, als Kammersänger Peter Schreier mit der Staatskapelle Dresden und dem Leipziger Rundfunkchor

Das Kulturpalast–Publikum und seine Philharmonie

Die berühmte Staatskapelle Dresden:
ab 1969 immer wieder auf der großen Festsaalbühne

die Matthäus-Passion von Johann Sebastian Bach im Festsaal aufführte. Neben den Auftritten der beiden Spitzenorchester wurden im Kulturpalast Jugend- und Schulkonzerte,
Rundfunkkonzerte sowie Chor- und Orgelkonzerte präsentiert. Namhafte internationale Orchester spielten im Festsaal.
Dennoch waren Philharmonie und Staatskapelle die Hauptnutzer: Etwa 60 Konzerte hat die Dresdner Philharmonie und
40 die Staatskapelle im Jahr gegeben. Spielraum für andere
Veranstaltungen tat sich auf, wenn die beiden Spitzenorchester weltweit auf Tournee weilten.

Mit der Wiedervereinigung der beiden deutschen Staa-
ten ergaben sich dennoch völlig neue Möglichkeiten für die
Dresdner Orchester. Bei Gastspielen wurde der Klangkörper
bejubelt. Zugleich litten die Musiker stärker unter den Unzulänglichkeiten im heimatlichen Kulturpalast-Saal. So suchte
der Intendant Anselm Rose das Gespräch mit der Stadt, er bat
nicht nur um finanzielle Unterstützung, sondern forderte
auch einen angemessenen Konzertsaal. Durch den Einbau
neuer Polstersessel vor dem 41. Kongress der Internationalen
Astronautischen Föderation kam es zu einer weiteren Ver-
schlechterung der Akustik. Die teuren neuen Stühle hatten
keine hölzerne Rückwand mehr und schluckten so den Schall.

OBEN: 1997: Dresdner Philharmonie und Philharmonische Chöre unter Leitung von Tadeusz Strugała im Festsaal
UNTEN: Der Philharmonische Kinderchor mit der Dresdner Park- eisenbahn im Großen Garten; vorn von links: die ehemaligen Chordirektoren Jürgen Becker und Matthias Geissler

Laien singen in
Philharmonischen Chören

Zwei Jahre vor der Eröffnung des Kulturpalastes, 1967, hatte Chefdirigent Kurt Masur die Philharmonischen Chöre und den Philharmonischen Kinderchor Dresden gegründet. Die Laienchöre sollten auf professionellem Niveau mit dem Orchester auftreten. Sie zählen zu den bekanntesten und erfolgreichsten Chören Deutschlands. Hervorgegangen sind sie aus dem 1959 von Wolfgang Berger geschaffenen Städtischen Chor Dresden. Später leiteten Jürgen Becker und Matthias Geissler die Ensembles mit jeweils mehr als hundert Sängern. In der mehr als 40-jährigen Geschichte des Kulturpalastes haben die Chöre mehrmals wöchentlich im Haus geprobt und etwa 150 Messen, Requiems, Opern, Kantaten und Chorsinfonien von nahezu hundert Komponisten aller Epochen in höchster Perfektion aufgeführt. Seit 2012 ist Gunter Berger Direktor beider Chöre. Wie schon zur Einweihung 1969 sind auch die beiden Chöre bei der Wiedereröffnung 2017 dabei.

Die Macher im Kulturpalast
setzen auf eigene Shows

Der Journalist Peter Salzmann kannte wie kaum ein Zweiter den langjährigen Direktor des Dresdner Kulturpalastes Werner Matschke. Er führte mit ihm zahlreiche Interviews. Beide Männer verband zudem die Arbeit im Sächsischen Bergsteigerchor »Kurt Schlosser«, den Matschke 40 Jahre lang leitete. »Als Werner Matschke 1991 nach 22 Jahren vorzeitig in den Ruhestand geht, konnte er auf eine erfolgreiche Karriere als Palast-Direktor zurückblicken«, sagt Salzmann. Schon die Tatsache, dass tausend Laienkünstler jeden Monat im Kulturpalast geprobt haben, unterstreiche dessen Credo »Gemeinsamkeit von Berufs- und Volkskunst«.

1974: Direktor Werner Matschke (l.) begrüßt im Festsaal den fünf–millionsten Besucher.

Matschke, ursprünglich gelernter Schlosser, studierte das Dirigieren am Rimski-Korsakow-Konservatorium in Leningrad, heute St. Petersburg. Bevor er Kulturpalast-Direktor wurde, war er als Dozent und Prorektor an der Hochschule für Musik »Carl Maria von Weber« in Dresden tätig gewesen. Er war auch Vorsitzender der »Arbeitsgruppe Große Häuser«, in der die Direktoren der Stadthallen Rostock, Cottbus, Gera, Erfurt, Schwedt, Magdeburg, Görlitz, Karl-Marx-Stadt (heute Chemnitz) und Suhl, dazu die des Hauses der Kultur Neubrandenburg, des Palastes der Republik und des Friedrichstadtpalastes in Berlin dabei waren. Hinzu kamen die Vertreter großer Kulturparks. In der Arbeitsgruppe wurden beispielsweise Gastspiele von Stars aus der Zirkuswelt koordiniert.

In Matschkes Amtszeit zählte der Kulturpalast 25 Millionen Besucher, eine Auslastung, die es bis dato nirgendwo anders gab. Der Kulturpalast-Direktor wusste, mit wem er sich an einen Tisch setzen kann, um Probleme, Hemmnisse und Projekte zu diskutieren und Lösungen zu finden. Er nennt seinen Freund Reinhold Stövesand, Intendant der Staatsoperette, Wolfgang Hörnig, Direktor der Dresdner Philharmonie, und Hanns Matz, stellvertretender Intendant der Staatsoper und Chefkoordinator der Staatskapelle und der Oper. »Wir haben uns immer wieder getroffen, um Gemeinsamkeiten zu finden.« Besonders stolz war Matschke, so erinnert sich Salzmann, als im österreichischen Linz Mitte der 1970er Jahre der Bau des Brucknerhauses geplant wurde und die Verantwortlichen nach Dresden kamen, um sich im Kulturpalast Ratschläge zu holen. Das hatte übrigens zur Folge, dass die

Staatskapelle Dresden als erstes Orchester im neuen Linzer Konzertsaal gastieren durfte.

Als Künstlerischer Direktor stand Matschke ab 1970 bis 1985 Heinz Burghard zur Seite. Zuvor hatte Burghard Erfahrungen zum Beispiel als Leiter der Ensembles des VEB Flugzeugwerke und des Kombinats Robotron gesammelt. Wie Matschke setzte er auf ein enges Miteinander von Profis und Laien. Mit dem Namen Burghard sind im Kulturpalast besonders die Estradenprogramme auf großer Bühne verbunden, so nannte man damals Veranstaltungen mit einem Mix aus Gesang, Tanz und Artistik. Zu den Burghard'schen Schöpfungen zählten fast alle großen Shows im Haus. Neben Heinz Quermann galt er zudem als herausragender Talentförderer in der DDR. Erinnert sei an seine Nachwuchssuche mit dem Schlagerfestival »Goldener Rathausmann«. Ob der Schauspieler und Kabarettist Wolfgang Stumph, die Kammersängerin Ute

»Die Lachkarte« des Robotron-Ensembles mit seinem Gründer Wolfgang Stumph (rechts im Bild)

Selbig, die Schlagersänger Olaf Berger und Ina-Maria Fedo-
rowski oder auch die heute berühmte Band Die Prinzen – bei
allen hat er an ihrer steilen Karriere Anteil gehabt.

In Joachim Schlese hatte Burghard einen hervorragenden
Regisseur gefunden, mit dem er eine Vielzahl dieser Eigenproduktionen des Kulturpalastes auf die Beine stellte. Zu
diesem Team gehörten auch Irmgard Hermersdorfer und Heidrun Müller, die zunehmend als Programmgestalterin und
Regisseurin wirkten. Insgesamt gab es zwölf Mitarbeiter in
der Künstlerischen Direktion.

Nach Werner Matschke leiteten die Geschicke des Kulturpalastes: Wilfried Berger von 1991 bis 1993; zuvor war Berger
Direktor für Ökonomie und Planung im Palast gewesen. 1993
bis 1995 stand Gernot Rodig als Geschäftsführer des neu-
gegründeten städtischen Unternehmens Konzert- und Kongressgesellschaft Dresden (KKG) an der Spitze. Rodig war seit
1975 Leiter der Betriebstechnik gewesen. Es folgten ihm Rainer
Wagner von 1995 bis 2005 und Karin Busch von 2005 bis 2006.
Volker Schmidtke führte 2006 das Haus. Als er ab Januar 2011
die Stadthalle in Reutlingen übernahm, bekam Messechef
Ulrich Finger auch den Hut für den Kulturpalast aufgesetzt.

Abschlussbild »Goldener Rathausmann« 1984

Eigene Handwerker für
die Bühnenbilder

Die Macher im Kulturpalast konnten sich bei der Vorbereitung ihrer Veranstaltungen auf die Handwerker im eigenen Haus verlassen. Diese organisierten nicht nur den reibungslosen Betrieb, sondern übernahmen auch die Gestaltung der Bühnenbilder. Ohne Technik keine Kunst: Zu den großen Shows gehörte immer eine opulente Ausstattung der Bühne. Der Kulturpalast beschäftigte Tischler, Maler, Schlosser, Requisiteure, Elektriker, einfach alle Gewerke, die für ausgeklügelte Bühnenbilder erforderlich waren, erzählt Technik-Chef Gernot Rodig. Fantasie war da oft gefragt. Als beispielsweise für die beliebte Weihnachtsshow »Zwischen Frühstück und Gänsebraten« ein Kronleuchter benötigt wurde, ließ Rodig ein Rohrgestell mit Alufolie umwickeln. Legendär war auch die Dekoration für das Dixieland-Festival, als die Bühne ein Jazzkellergewölbe erhielt. Populär war Handwerker und Frohnatur Werner Hempelt. Der gelernte Maurer konnte nahezu alles: Fliesen und Fußbodenbelag legen, Wände verputzen, aber auch tapezieren und malern.

Das Brückenmännchen

Ganze Generationen von Kindern haben in den Schulferien im Kulturpalast die »Brückenmännchen«-Revue erlebt. Pate stand ein steinernes Relief an der Augustusbrücke. Gertrud Schwarz, eine langjährige Mitarbeiterin im Kulturpalast, ließ die Figur lebendig und zum Helden der Revue werden. 1973 lief das »Brückenmännchen« zum ersten Mal über die Kulturpalast-Bühne. Zehn Vorstellungen mit 14 000 kleinen und großen Zuschauern gab es im ersten Jahr. Bis zu 21-mal pro Saison trat das Brückenmännchen im stets ausverkauften Kulturpalast-Saal auf. Seit 1975 zeichnete das Fernsehen der

Manfred Stock alias Brückenmännchen 1974
im Gespräch mit dem Roboter

DDR die Vorstellungen auf, damit wurde das Brückenmännchen landesweit einem Millionenpublikum bekannt.

Bis 2002 zählte die Kinderrevue zu den typischen Eigenproduktionen des Palastes, später übernahmen Agenturen die Produktion. Eines der Prinzipien des Künstlerischen Direktors Burghard war: Kinder spielen für Kinder. Das betraf ganz besonders die Kinderrevue »Brückenmännchen«. Über 200 Mädchen und Jungen arbeiteten künstlerisch im Kulturpalast, der für sie eine eigene Abteilung in der Direktion gebildet hatte. Burghard beauftragte die Choreografin Gabriele Wunsch mit der Gründung eines Tanzensembles, und Annelies Sebastian bildete und leitete den Kinderchor Dresdner Spatzen. Den Chor gibt es heute noch. Zu den Hauptakteuren zählten die Mädchen und Jungen des Kinder- und Jugendchores vom Bergsteigerchor »Kurt Schlosser«, den ebenfalls Annelies Sebastian leitete, später auch deren Tochter Claudia Sebastian. Manja Lätzsch, die einst selbst zu den »Tanzmäusen« im Kulturpalast gehörte, führt das Ballett seit 2002 als

»Luxor Dance Company« weiter. Rund 150 Kinder und Jugendliche trainieren dort wöchentlich oder erhalten eine tänzerische Ausbildung. Die Tanzgruppe geht mehrmals im Jahr auf Tournee und veranstaltet Shows, zum Beispiel zu Weihnachten. Für die »Brückenmännchen«-Kinder wurde auch eine Kinder-Sprechergruppe unter Leitung von Ilse Reißmann-Doß gebildet.

Vor dem Umbau des Kulturpalastes im Sommer 2012 fiel der letzte Vorhang fürs »Brückenmännchen«. Doch 2016 kehrte es auf die Bühne zurück – im Boulevard-Theater Wechselbad. Theaterleiter Marten Ernst war einst schon als Sprecherkind in der Show aufgetreten. Von 1998 bis 2003 schlüpfte er selbst in die beliebte Rolle des Brückenmännchens.

»Ich gehe durch die Stadt, ich gehe durch die Stadt, bin wieder mal in Eile, denn wer viele Freunde hat, kennt keine lange Weile!« So begrüßte das Brückenmännchen stets sein Publikum. »Wir sind die Dresdner Spatzen, sind fröhlich und

»Brückenmännchen«-Probe, v. l.: Heidrun Müller, Ballettmeisterin Gabriele Wunsch und Regisseur Heinz Burghard

vergnügt ...«, sangen die Mädchen und Jungen des Dresdner Spatzenchors. In den ersten 25 Jahren der Geschichte schlüpften sieben Schauspieler in die Rolle. Neben Gertrud Schwarz schrieben sieben weitere Autoren, darunter Jochen Petersdorf, Wolfgang Funke und Joachim Schlese, die Texte. Für das »Brückenmännchen« hat hauptsächlich Heinz Kunert die Stücke komponiert. Aber auch Werke von Reinhard Lakomy erklangen. Unter den Solisten lassen sich Namen finden wie Wolfgang Stumph, Ute Selbig, Uta Bresan, Wolfgang Lippert und Achim Mentzel. Gern gesehen waren der Puppenspieler Heinz Fülfe als Tadeus Punkt bzw. mit seinem Struppi.

»Rosen für unsere Frauen«

Der 8. März als Internationaler Frauentag war in der DDR gesetzt. Auch der Kulturpalast überreichte rund um diesen Tag einen musikalischen Blumenstrauß. Den Regisseuren Heinz Burghard und später Joachim Schlese fiel immer wieder etwas Neues ein. Wie bei den meisten Shows traten beliebte

Schlagersänger aus der DDR auf, aber auch westliche Stars wie Costa Cordalis, Roy Black, Rex Gildo, Katja Ebstein und Gus Backus. Engagiert wurden auch Artisten aus der nationalen und internationalen Zirkuswelt. In der Regel fanden etwa 25 Vorstellungen im März statt, war die Philharmonie auf Konzertreisen, dann gab es bis zu 39 Shows. Da die Betriebe oft Karten für ihre Mitarbeiterinnen erwarben, war der Saal stets ausverkauft. Nach 1990 interessierte sich keiner mehr für diese »Rosen«.

OBEN LINKS: »Rosen für unsere Frauen« 1978 mit Entertainer Heinz Quermann (links) und Schlagersänger Frank Schöbel
OBEN RECHTS: Heinz Quermann (rechts) mit Schlagerstar Roy Black 1981 **UNTEN:** Die Show anno 1985

Rückblickend erzählt Dietmar Kühnert, der Künstlerische Direktor von 1986 bis 2003: »Die ›Rosen‹ sind schon eine Nummer gewesen. Für die Betriebe war es einfach, denn sie kauften für ihre Mitarbeiterinnen die Eintrittskarten. Früh banden sich die Meister, die Vorgesetzten, das Schürzchen um und präsentierten Kaffee und Kuchen. Ab mittags hatten die Frauen frei, neben der Eintrittskarte bekamen sie noch ein Handtuch aus Großschönau geschenkt, oder so etwas. Dann saßen sie abends, frisch onduliert, im Kulturpalast und waren gespannt, ob es ordentliche Künstler gab. Sie warteten auf den Westkünstler.« Das gelang auch, da kamen eben Albano und Romina Power und anschließend Frank Schöbel.

Bunt gemixt war angesagt. Es gab zudem ein ungeschriebenes Gesetz seitens der Künstleragentur: Reine deutschdeutsche Programme durfte es nicht geben. Wenn ein Künstler aus der Bundesrepublik auftrat, musste mindestens noch ein weiterer aus den sozialistischen Ländern dazukommen, damit es ein internationales Programm wurde. Zudem durfte der bundesdeutsche Spitzenkünstler nicht das Finale gestalten, bestenfalls das kleine Finale vor der Pause. Mit so beliebten Künstlern wie Frank Schöbel, Dagmar Frederic, Helga Hahnemann oder Monika Hauff und Klaus-Dieter Henkler war das kein Problem.

Die gute Seele im Palast

Vielen Künstlern ist besonders Irmgard Hermersdorfer in guter Erinnerung. 1969 fing sie als Sekretärin im Kulturpalast an. Später war sie Produktionsleiterin und Regieassistentin, vor allem aber blieb sie bis zu ihrem Rentenbeginn 2001 die gute Seele des Hauses. Bei großen Shows wie »Rosen für unsere Frauen« traten 200 bis 300 Künstler auf. Da galt es für Hermi, wie sie liebevoll von den Kulturpalast-Kollegen genannt wurde, Nerven und Übersicht zu behalten. Sie organi-

Der belgische Sänger Salvatore Adamo gastierte 1971
im Dresdner Kulturpalast.

sierte Künstler, sorgte sich um Verträge und Gagen. Apropos
Gagen: Zu DDR-Zeiten legte die Einstufung fest, wie viel Geld
jeder Solist pro Auftritt erhielt. 140 Mark war die niedrigste
Kategorie, 380 Mark die höchste. Spitzenkünstler allerdings
hatten frei vereinbarte Honorarsätze, die deutlich höher ausfielen. Dennoch war es oft eine Verhandlungssache. Als Hermersdorfer beispielsweise Frank Schöbel nach seiner Gage
für einen Kinderball fragte, sagte dieser: Er verlange die volle
Höhe oder – gar nichts. Als Dankeschön fürs Garnichts be-
sorgte sie einen edlen Wein.

Verträge mit Künstlern aus dem Westen wurden von der
Künstleragentur in Berlin gemanagt. In der Regel erhielten
die Künstler nur DDR-Mark. Mit der Hälfte der Summe gingen
sie, oft von Hermersdorfer unterstützt, auf Einkaufstour. Rex
Gildo kaufte das Service »1001 Nacht« aus der Porzellan-Ma-

nufaktur Meissen, Katja Ebstein hatte ein Faible für alte Ge-
mälde und Jonny Hill ließ sich an der Ostsee ein Boot bauen.
Bei den Künstlern begehrt waren auch Musikinstrumente
vom teuren Flügel bis zur Mundharmonika.

Das Schlimmste war, so erinnert sich Hermi, wenn Künstler nicht rechtzeitig zum Auftritt eintrafen. »Da stirbst du
tausend Ängste.« Es galt zu improvisieren und findig zu sein.
Bei einer Weihnachtsshow wurde zum Beispiel der Entertainer Sven Jensen zum Retter. Er war eigentlich im Kulturhaus Großröhrsdorf engagiert. Nach seinem ersten Auftritt
dort fuhr er zur Show nach Dresden in den Kulturpalast, um
anschließend beim Finale wieder in Großröhrsdorf zu sein.
Glücklicherweise passierte so etwas selten.

Gern plaudert Hermersdorfer über Ungewöhnliches. Zum
Ritual bei großen Bällen im Saal gehörte es, dass die Band den
»Schweinemarsch« spielte, nach dem die Kellner im Gleich-
schritt die Speisen kredenzten. Doch einmal kamen sie total
aus dem Takt, denn die Combo fand die Polka »Siehste wohl,
da kimmt er« viel lustiger.

LINKS: Die »spitze Zunge der DDR«: Hansgeorg Stengel
(rechts) mit Wolfgang Stumph beim »Stammtisch«
RECHTS: Conférencier Ulli Busch (links) mit Joachim Schlese

Auch tierisch ging es im Kulturpalast zuweilen zu. So hatte sich ein Bär von einer Zirkusnummer beim »Brückenmännchen« auf den Weg in die Kantine gemacht und dort das ganze Porzellan zerschlagen. Zur nächsten Vorstellung wurde auf die Bären verzichtet. Dafür gab es eine Ziegennummer. Die Tiere grasten zur Verwunderung der Dresdner auf der Wiese hinter dem Kulturpalast.

Eine lustige Erfahrung machte der belgische Musiker Salvatore Adamo. Als er beim Pförtner seinen Namen nannte, erkannte ihn der Pförtner nicht und sagte: »Wenn Sie Adamo sind, dann bin ich der Kaiser von China.« Besonders streng waren die Kontrollen bei einer Veranstaltung des Ministeriums für Staatssicherheit. Umso größer das Grinsen, als Conférencier Ulli Busch Einlass erhielt, nachdem er seinen Diabetiker-Ausweis gezeigt hatte. Schluss mit lustig war es jedoch, als Hansgeorg Stengel in einem Silvesterprogramm vom »Mineralsekretär Gorbatschow« sprach. Diese Spitze brachte dem Satiriker gleich zwei Jahre Auftrittsverbot in Dresden ein.

Klassik für die Schüler

Ganze Generationen von Dresdnern haben ihre ersten Erfahrungen mit klassischer Musik im Kulturpalast gemacht. Daran erinnert sich auch Ralf Lunau, von 2008 bis 2015 Kulturbürgermeister der Stadt. Er ist froh, dass die Stadt Dresden neben dem Kraftwerk Mitte, das die Staatsoperette Dresden und das Theater Junge Generation aufnimmt, den Kulturpalast sanieren und dort einen Konzertsaal mit erstklassiger Akustik errichten kann. Schüler sind dort wieder gern gesehene Gäste.

Das waren sie bereits 1969, kurz nach der Eröffnung des Kulturpalastes. Seither gab es in dem Haus regelmäßig Konzerte für Dresdner Schüler. Jeder Schüler der ersten bis siebenten Klasse konnte einmal im Jahr im Rahmen des Musikun-

OBEN: Der Neue Chor Dresden unter Leitung von Manfred Winter, hier mit dem Orchester der IG Wismut Karl-Marx-Stadt, war oft zu Schulkonzerten zu hören. **UNTEN:** Sichtbare Spannung im Festsaal, wenn die Staatskapelle Dresden aufspielt

terrichts ein Konzert besuchen. Für die Klassenstufe 8 wurden zusätzliche Angebote für Sonderkonzerte unterbreitet. Musizierenden Schülern boten sich Möglichkeiten, im Programm mitzuwirken. Es traten nicht nur Künstler der Philharmonie auf, sondern zudem etwa die Dresdner Tanzsinfoniker und die Vorschulklassen der Palucca Schule. Auch hier galt das Burghard'sche Prinzip: Schüler spielen für Schüler. Fast alljährlich traten der Neue Chor Dresden und der Knabenchor Dresden unter Leitung von Manfred Winter auf.

Während des Umbaus des Kulturpalastes brach die Tradition der Schülerkonzerte nicht ab. Schülerkonzerte fanden auch an den Ausweichspielstätten statt. »Freakquency« heißt das Angebot der Dresdner Philharmonie für Familien und Schulen, das auch im neuen Konzertsaal seine Fortsetzung findet.

Internationale Künstler zu den Dresdner Musikfestspielen

Zum 40. Mal erklingen 2017 die Dresdner Musikfestspiele, auch sie haben im Kulturpalast ihre Wurzeln. Zwischen Mai und Juni zieht ein hochkarätiges Programm von außergewöhnlicher Dichte und Vielfalt jeweils unter einem speziellen Motto mehr als 30 000 Klassikfans aus aller Welt an die Elbe.

Die Dresdner Musikfestspiele haben in den Musen- und Zwingerfesten der sächsischen Kurfürsten mit großer Oper, Ballett und Feuerwerk historische Vorläufer. Dennoch verdanken sie ihre eigentliche Existenz einem regierungsamtlichen Dekret inmitten des Kalten Krieges. Beschluss von oben, das Zentralkomitee der SED und der Ministerrat der DDR haben verfügt: »Beginnend 1978 finden in Dresden als jährlich durchzuführendes Musikfestspiel internationalen Ranges Dresdner Musikfestspiele statt!« Das quasi staatlich verordnete Musikereignis hatte schon zu DDR-Zeiten mit Ver-

1989 gastiert das BBC Philharmonic Orchestra Manchester unter Leitung von Edward Downes im Kulturpalast.

anstaltungen wie »Berliner Festtage«, »Musikbiennalen« und »Händel-Festspielen« beachtliche Konkurrenz. Dennoch traten die Dresdner Musikfestspiele unter Leitung von Intendant Winfried Höntsch mit einem großen Qualitätsanspruch an. Legendär ist das Gastspiel der Berliner Philharmoniker unter Chefdirigent Herbert von Karajan zur Eröffnung 1978. Die Organisatoren hatten zudem Claudio Abbado und die Mailänder Scala, Zubin Mehta und das New York Philharmonic Orchestra aufgeboten. Die Intendanten Höntsch, Mattis Dänhardt, Michael Hampe, Torsten Mosgraber, Hartmut Haenchen und Jan Vogler sorgten in der Geschichte immer wieder für Auftritte von Weltstars wie Sir Simon Rattle, Semjon Bytschkow und Antonio Pappano sowie Jordi Savall, Nikolaus Harnoncourt, Sir Georg Solti, Gennadi Roschdestwenski, Lorin Maazel und Kurt Sanderling, Edita Gruberová, Vesselina Kasarova, Jonas Kaufmann, Peter Schreier und Theo Adam.

Das Festival 2016 vereinte zum Beispiel Stars wie Kristine Opolais und Waltraud Meier, Andris Nelsons, Daniel Hope und Leonidas Kavakos. Zudem spielten Spitzenensembles wie das Boston Symphony Orchestra, das Concertgebouw-Orchester, das Singapore Symphony Orchestra und das Israel Philharmonic Orchestra.

Die Musikfestspiele sind eng mit dem Kulturpalast verbunden. Dennoch haben die Veranstalter auch immer weitere Orte wie Schloss Pillnitz oder Moritzburg gewählt. Zu einer beliebten Tradition entwickelte sich die 1981 ins Leben gerufene Veranstaltung »Dresden singt & musiziert«. Das Festival kommt damit zu seinen Besuchern. Hunderte von Sängern und Tausende von Zuhörern zieht es regelmäßig an die Brühlsche Terrasse, wenn der Philharmonische Chor Dresden samt seinem Kinderchor, die Singakademie Dresden und weitere Chöre und Solisten bei »Dresi«, wie die Dresdner liebevoll das Treppensingen am

1979 im Kulturpalast: Intendant Winfried Höntsch (links) und Chefdirigent Herbert Kegel

Schloßplatz nennen, auftreten. 2016 ging es allerdings lauter als sonst zu, denn am letzten Wochenende fielen die Musikfestspiele mit dem Deutschen Evangelischen Posaunentag, dem größten Posaunenchortreffen der Welt zusammen.

Mit der Wende mussten sich die Dresdner Musikfestspiele neuen Herausforderungen stellen, und es galt, das Festival in einem offeneren und zusammenwachsenden Europa zu verankern, erklärt Jan Vogler. Seit der Spielzeit 2009 ist er Intendant der Dresdner Musikfestspiele. In dieser Funktion setzt er sich ein für Toleranz und die Begegnung der Menschen aus aller Welt in Dresden durch die Kraft der Musik. Damit strahlt Dresden als internationale Festivalstadt ein wichtiges Signal in die Welt. Jan Vogler hat ambitionierte Pläne, jedes Jahr bieten die Musikfestspiele ein wenig mehr, auch an Eigenproduktionen. Das Festspielorchester aus internationalen Virtuosen setzt wichtige Akzente bei den Dresdner Musikfestspielen. Insgesamt wird an 22 Spielstätten musiziert. Doch den Kulturpalast betrachtet Intendant Vogler als eine der zentralen Festivalstätten.

»Ich erinnere mich gut an den alten Kulturpalast. Hier habe ich fast alle großen Cellokonzerte zum ersten Mal in Dresden gespielt. Die Akustik war durchschnittlich, trotzdem war die Musik hier zu Hause, es wurde mit Respekt musiziert und zugehört«, sagt Intendant Vogler. Die Idee, in die Hülle dieses erfahrenen DDR-Musentempels einen modernen Konzertsaal zu implantieren, findet er sehr charmant und kreativ, außerdem halte sie Erinnerungen wach, positive wie negative. »Ich habe hohe Erwartungen an den neuen Saal, sowohl akustisch als auch atmosphärisch. Die Dresdner Musikfestspiele freuen sich darauf, den Saal mit Konzerten internationaler Stars in der Welt bekannt zu machen und für Dresden als Kulturstadt zu werben. Wir haben das Know-how, ein solches Klassikhaus zu bespielen.«

Jan Vogler verfügt über die entsprechenden Kontakte, die er als Cellist weltweit geknüpft hat. Das zahlt sich aus: Besonders stark gefragte Solisten und Ensembles kommen zu den Musikfestspielen, bei denen insgesamt 1500 Künstler aus der ganzen Welt auftreten. Die Eröffnung des neuen Konzertsaals im Kulturpalast fällt mit dem 40. Geburtstag der Dresdner Musikfestspiele zusammen, wenn das kein gutes Omen ist. »Licht«, so das Festival-Thema 2017, geht auch im Kulturpalast wieder an.

»La Montanara« bleibt immer aktuell

Als heimliche Hymne für den Sächsischen Bergsteigerchor »Kurt Schlosser« dürfte das Lied der Berge, »La Montanara«, gelten. 2017 feiert der Chor seinen 90. Geburtstag, am liebsten auch mit einem großen Konzert im Dresdner Kulturpalast. Denn mit diesem Haus ist ein gutes Stück Geschichte der 120 bis 130 singenden Männer verbunden. Rund 300 Stücke umfasst das Repertoire des Chores, es dominieren Berg- und Wanderlieder, doch der Bogen spannt sich auch von klassischen Werken bis hin zu Stücken von John Lennon.

1962 hat Werner Matschke, der langjährige Direktor des Kulturpalastes, die Leitung des Chores übernommen. Später gesellte sich der Erste Kapellmeister der Staatsoperette Dresden Karl Heinz Hanicke hinzu. Volksmusik im wahrsten Sinne, ehrlich, handgemacht, ohne technische Mätzchen. Oft hat Matschke selbst Lieder neu vertont und arrangiert. Bei einigen Liedern, wie zum Beispiel »Bergfreundschaft«, schrieb der Journalist Peter Salzmann die Texte. Seit über 60 Jahren ist er als 2. Tenor im Chor dabei. Die Männer sangen zu Arbeiter- und Turnfestspielen, zur Ostseewoche und immer wieder in der Sächsischen Schweiz. Der Chor gastierte in 13 Ländern Eu-

Seit 1969 hat der Sächsische Bergsteigerchor »Kurt Schlosser« im Kulturpalast sein Domizil.

71

ropas, Asiens und Amerikas. Doch die Jahreskonzerte, meist gemeinsam mit dem dazugehörigen Kinder- und Jugendchor, fanden von 1969 bis 2011 stets im Kulturpalast statt. Im November 2002 stand Matschke zum letzten Mal als Dirigent auf der Bühne, dann übergab er den Dirigentenstab an den Komponisten und Dirigenten Axel Langmann, einen früheren Kreuzchor-Sänger. Schon in dem Jahrzehnt zuvor hatten jüngere Chormitglieder das Zepter übernommen, um den populären Chor von der sozialistischen Plan- in die kapitalistische Marktwirtschaft zu führen. Kurt Schlosser war eines der elf Gründungsmitglieder gewesen, die ihren Widerstand gegen die Faschisten mit dem Leben bezahlten. Die Chormitglieder sahen trotz mancher Anfeindungen keinen Grund, den Namen zu ändern. Doch bei aller Tradition zog auch moderne Technik ein. Und »La Montanara« ist längst ein Hit auf You-Tube.

»Die Sixtinische Madonna« im Palast

Als der Dresdner Kulturpalast eingeweiht wurde, hatte Bernd Aust gerade sein Staatsexamen in Fach Saxofon abgelegt und mit einigen Kommilitonen die Electra Combo gegründet. Electra schrieb Rockgeschichte, Hits wie »Tritt ein in den Dom« und »Nie zuvor« liefen im Radio rauf und runter. Seinem Vorbild Jethro Tull folgend, dominierte bei Aust die Querflöte den Sound der Band. In den 1970er Jahren fühlte sich der Rock mit der Klassik verbandelt. »Adaptionen« heißt auch das bekannte Album von Electra. Legendär ist der von Aust gespielte »Türkische Marsch«. 1979, der Kulturpalast feierte sein Zehnjähriges, spielte Electra in ihm die Rocksuite »Die Sixtinische Madonna«. Aust setzte damit dem berühmtesten Werk der Dresdner Gemäldegalerie ein Denkmal. Es wurde zugleich die meistverkaufte Rock-LP von Electra.

Nach der politischen Wende in der DDR begann Aust als Konzertveranstalter zu arbeiten. Als ersten Gast holte er 1991 Jethro Tull in den Kulturpalast. Seit 1994 führt Aust gemeinsam mit seinem Sohn Rodney die Bernd Aust Kulturmanagement GmbH, die zu den wichtigsten Konzertveranstaltern in Dresden gehört. Kenner loben Austs Spürnase für das Besondere. Er organisierte unter anderen Dresdens Stadtfeste und gehörte zum Team für den Ball in der Semperoper. Vater und Sohn bauten vor allem den Alten Schlachthof als Veranstaltungsort aus. Dennoch fühlt sich Bernd Aust dem Kulturpalast eng verbunden. Er gehört zu den Gegnern eines Umbaus, weil er befürchtet, dass es für seine Branche im umgebauten Haus schwer wird.

2009, zum 40-jährigen Bestehen der Band, führte Electra ihre »Sixtinische Madonna« noch einmal im Dresdner Kulturpalast auf. Mitwirkende waren seinerzeit der Große Chor Hoyerswerda sowie Solisten der Neuen Elbland Philharmonie. Zum letzten Mal erklang die »Sixtinische« als Open-Air-Konzert im August 2014, als die Band Electra Abschied nahm.

20. Mai 2009: Zum 40-jährigen Jubiläum tritt Electra noch einmal im Kulturpalast auf.

Wilder Westen
hinterm Altmarkt

Kulturpalast-Regisseur Joachim Schlese hat nicht nur einen Nerv für Jazz, sondern erfreut sich auch an Country- und Westernmusik. So organisierte er 1982 zum ersten Mal ein Country-Festival. Das Spektakel fand schnell zahlreiche Fans. Zehn Jahre später kamen ein großer Westernmarkt rund um den Kulturpalast und eine Country-Night in allen Räumen des Kulturpalastes hinzu. Frei nach dem bekannten Trucker-Song fing »Der wilde, wilde Westen« gleich hinter dem Altmarkt an. Doch damit nicht genug, auch der Kurort Rathen mit seiner Felsenbühne wurde einbezogen. Zu den Country-Festivals kamen Hunderttausende nach Dresden und Rathen. Bands

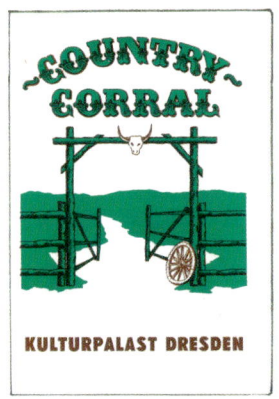

aus Amerika und Europa sorgten für Stimmung. Doch 1996 zog sich die Sächsische Festivalvereinigung, die die Veranstaltung ab 1991 ausrichtete, als Organisator zurück und konzentrierte sich fortan auf das Dixieland-Festival.

Pantomime-Festival, Puppentheater und große Zauberkunst gehörten ebenso zum Leben im Kulturpalast wie Witz- und Sketchabende und Plaudereien mit Prominenten. Aus dem Rahmen fielen die Aufführungen unter dem Namen »Schicht« im Studiotheater: Es wurden brisante Themen und umstrittene Stücke aufgegriffen. Bernd Rump, ein Diplomigenieur und gleichzeitig Absolvent des Leipziger Literaturinstituts, und die Schauspielerin Karin Wolf hatten 1975 das Schicht-Theater gegründet, um zunächst Akteuren aus der Singebewegung eine Bühne zu bieten. Das musikalische Profil der Gruppe wurde besonders von Jürgen

Karin Wolf und Bernd Rump, die Köpfe des Schicht-Theaters

Magister bestimmt. 1983 siedelte die politische Bühne in das Kleine Theater Reick um, das etwa hundert Plätze mehr als das Studiotheater im Kulturpalast bot.

Der Kulturpalast als große Jazzbühne

Die einst blonden Locken sind weiß. Seinen Elan hat Joachim Schlese aber nicht verloren. Der 1939 geborene »Vater des Dixieland« hat das Programm für 2020 schon fast perfekt vorbereitet. Es wird der 50. Geburtstag des Internationalen Dixieland-Festivals.

Alljährlich in den Maitagen ist Dresden voller Swing und Blues, überall in der Stadt sorgt dann Musik voller Optimismus und Lebensfreude für ein besonderes Flair. Begonnen hat alles im Dresdner Kulturpalast. In dem Haus seien die Mitarbeiter offen für neue Ideen, für Experimente, für interessante Veranstaltungsformen jeglicher Art gewesen, erinnert sich Joachim Schlese. Im Herbst 1970 war Erich Knebel,

Musikredakteur des Deutschlandsenders (ab 1971 »Stimme der DDR«), mit der Idee für eine Jazzsendung nach Dresden gereist. Damals gab es in der Stadt mit den Tanzsinfonikern von Günter Hörig bereits eine kleine Jazzszene. Kulturpalast-Regisseur Schlese und er »swingten« sofort auf einer Wellenlänge. Mit Karlheinz Drechsel fanden sie auch schnell einen fachkundigen Moderator. Groß denken war angesagt, denn schon für die erste Veranstaltung 1971 haben die Organisatoren den großen Saal im Kulturpalast gebucht und von einem Festival gesprochen.

Sechs Bands aus der DDR, Tschechien, Polen und Ungarn waren eingeladen. Blöd nur, dass damals wenige mit Jazz etwas anfangen konnten. Mit einer kessen Lüge »überzeugte« Schlese seine Chefs. Es handele sich um eine Mischung aus Böhmischer Blasmusik gepaart mit der Singebewegung – so erklärte er, welche Musik beim Dixieland-Festival gespielt wird. Es klappte, das Festival wurde genehmigt. Schlese muss noch heute schmunzeln, wenn er sich an die Anfänge erinnert: Als der Termin näherkam, waren nur wenig Karten verkauft worden. Quasi über Nacht ließ Schlese Werbezettel drucken und marschierte gemeinsam mit dem Kulturpalast-Pressechef Wolfgang Grösel und anderen Enthusiasten in die Dresdner Freibäder. Zünftig in Badehosen verteilten sie die Werbezettel und erzählten den Leuten, welch tolle Musik der Dixieland sei.

OBEN: Dixieland–Festival 1987: Die Festsaalbühne als Jazz–
kellergewölbe   **UNTEN:** Der Dixieland–Umzug im Jahr 1983

Mit rund 900 Zuschauern war der Saal am Pfingstsonntag 1971 zwar immer noch nur etwa zur Hälfte gefüllt, aber die Dixieland-Familie war geboren. Keine zehn Jahre später standen die Leute sogar eine ganze Nacht lang an, um die begehrten Karten zu ergattern. 1977 luden die Dixie-Veranstalter zum ersten Mal zu einem Ball in den Kulturpalast. Das Kippparkett machte es möglich. Auch die Foyers, die Nebenräume und das Restaurant wurden für die tanzfreudigen Gäste einbezogen. So konnten mehr als 3000 Menschen in lockerer Atmosphäre feiern – phänomenal und zugleich rustikal, findet Schlese. Mit dem Schließen des Kulturpalastes sei dies alles plötzlich weggebrochen.

Zwar ist das Dixieland-Festival samt seiner vertrauten Dekoration in Form eines Jazzkellergewölbes in den Alten Schlachthof ausgewichen, zum 45. Geburtstag wurde sogar in der Semperoper gespielt. Schlese setzt darauf, auch im Kulturpalast wieder an einstige Traditionen anknüpfen zu können. Über die Jahrzehnte erhalten blieben so beliebte Veranstaltungen wie die »Riverboat-Shuffle« auf der Elbe, die Jazzmeile auf der Prager Straße, Konzerte im Großen Garten und natürlich der Dixieland-Umzug durch die Dresdner Innenstadt. 2010 zählte die Polizei 500 000 Festivalbesucher, bisheriger Rekord.

Das Dresdner Dixieland-Festival ist das älteste seiner Art in Europa. Mit jedem Jahr nahmen die Zahl der Bands und die Veranstaltungsorte zu. Das Festival wurde immer internationaler. Zum zehnten Jubiläum traten erstmals auch Musiker aus den USA auf. »Aber das Besondere ist unser Publikum.« Schlese wird nicht müde, von der Begeisterung der Dresdner zu schwärmen.

Das sehen auch die Musiker so. John Evers, Jazztrompeter aus Wien und Bandleader der Blue Note Seven, erklärte Dresden zur »Hauptstadt des Dixieland«. Seine Band habe schon beim größten amerikanischen Dixieland-Festival in Sacramento sowie in Edinburgh, in Warschau und in Zürich, in

Prag und in Lugano gastiert. Doch zum Internationalen Dixieland-Festival in Dresden gebe es nichts Vergleichbares. Das
liege zum geringsten Teil an den Bands, die kann man zu den
großen Festivals der Welt auch hören. »Es ist das Publikum!
Es ist das großartigste, begeisterungsfähigste und mitrei-
ßendste Publikum, das man sich vorstellen kann.« John Evers
sprach von einer unsichtbaren Kommunikationsbrücke vom
Publikum zur Bühne.

Jazzmusiker spielen meist in Kneipen vor einer überschaubaren Zuhörerschaft. Da hatten sie schon vor dem großen Saal im Kulturpalast eine Scheu. 1978 vor seinem ersten
Auftritt hatte auch John Evers Bammel: »Ich gehe da nicht
hinaus. Nein, ich gehe nicht. Man kann alles von mir haben:
meine Schallplatten, meinen Anzug, sogar mein Bier ...«

Vom Dixie-Virus sind schon die Kleinsten infiziert. 1980
gab es im Studiotheater im Kulturpalast die erste Veranstaltung für Vorschulkinder »Mit Triangel und Klapperholz«.

Heidrun Müller setzte dabei schnell die Idee von Heinz
Burghard um und erarbeitete die Veranstaltung gemeinsam

Gemeinsam mit der Papa Binnes Jazzband musizieren
die Kinder »Mit Triangel und Klapperholz«.

mit Erich Knebel und der Papa Binnes Jazzband. Sie achtete darauf, dass die Kinder musikalische Feinheiten der Band hörten und selbst auf der Bühne agierten, ein Mix von Zuhören und Mitmachen.

Inzwischen erleben alljährlich rund 3000 begeisterte Knirpse das »Dixieland-ABC« im großen Saal des Rundkinos. Durch das Programm führen die Dixie-Zwillinge, Schleses Frau und deren Schwester. Und nicht nur für die Kleinen wurde ein Nilpferd zum Maskottchen. Seit 1977 ziert es Plakate und Programmhefte. Jahrelang hörte es auf den Namen »Eumel«. Zum 26. Festival tauften es die Kinder auf »Dixie«.

All die Jahre hält Schlese die Fäden in der Hand und ist für das Wohl und Wehe des Festivals verantwortlich. Etwa 250 Freiwillige motiviert er jedes Jahr zum Mitmachen. Seit 1990 wird das Festival von einem Verein organisiert und Schlese wurde Geschäftsführer. Spätestens bis zum 50. Jubiläum will er einen Nachfolger aufgebaut haben. Keine leichte Aufgabe, denn seit der Kulturpalast 2012 geschlossen wurde, gibt es keinen Saal mit dieser Größe. Damit fehlen Einnahmen aus dem Kartenverkauf. »Von der Stadt Dresden erhalten wir fast

Das Dixieland 2012 – das letzte Mal im Kulturpalast

keine Unterstützung«, bedauert der Dixie-Chef. Bei der Open-Air-Gala 2016 hat sich Karlheinz Drechsel 85-jährig als Moderator vom Dixieland-Festival verabschiedet. 46 Jahre lang moderierte er das Festival. Dr. Jazz und nun zum Abschied auch Prof. Dr. Jazz sind Ehrentitel für ihn. Seit einigen Jahren wurde er bereits von seinem Sohn Ulf bei der Moderation unterstützt. Nun übernimmt dieser die Aufgabe ganz.

Joachim Schleses Name ist jedoch mit mehr verbunden als nur mit dem Dixieland. Als begnadeter Regisseur organisierte er im Kulturpalast von 1971 bis 1992 Varieté, Zirkus, Magie, Schlagerfestival, Musical, Country, Dixieland, Kinderrevue, Weihnachtsshow, Tanzfestival, klassisches Konzert und Volksmusik. Er war Ideengeber und künstlerischer Leiter, schrieb oft auch die Texte. »Das Programm des Kulturpalastes war unglaublich breit gefächert.« Zu den großen Veranstaltungen gehörten die Frauentags-Show »Rosen für unsere Frauen«, das »Festival des künstlerischen Volksschaffens«, ein Country-Festival. Überlebt hat nur der Dixieland.

Von Herz zu Herz

Ich habe den Kulturpalast geliebt.« Das sagt Heidrun Müller aus tiefstem Herzen. Von 1976 bis 1988 hat die einstige Tänzerin der Palucca Schule im Kulturpalast gearbeitet. Noch heute schwärmt sie, es sei ein Haus für alle gewesen, in dem die kleine Truppe in der Künstlerischen Direktion, zu der sie auch gezählt hat, alles selbstgestaltet habe.

Das Leben von Heidrun Müller sollte ursprünglich ganz anders verlaufen. Nach ihrem Studium an der Palucca Schule Dresden war sie bis 1970 als Bühnentänzerin an den Staatsopern Berlin und Dresden engagiert. Danach arbeitete sie als Volontärin und Regieassistentin im Ensemble der Staatsoper Dresden. Doch ihre Karriere fand ein plötzliches Ende. Sie und ihr damaliger Ehemann hatten Freunde nicht verpfiffen, die die DDR verlassen wollten. Im Mai 1971 wurden sie wegen »Nichtanzeige staatsfeindlichen Menschenhandels« zu 18 Monaten Freiheitsentzug auf Bewährung verurteilt. Hei-

Heidrun Müller in der Regie

drun Müller musste sich daraufhin im Clubhaus »August Bebel« in Dresden »bewähren«. Anschließend organisierte sie Veranstaltungen im zentralen FDJ-Studentenclub der Technischen Universität Dresden.

Der Künstlerische Direktor im Kulturpalast Heinz Burghard hatte Vertrauen zu ihr und bot ihr eine Chance. »Für mich war das ein Glücksfall, nachdem ich das Theater und meinen großen Traum, Opernregisseurin zu werden oder zumindest in der Oper einen Platz zu finden, aufgeben musste«, sagt sie. Anfangs sei sie etwas hochnäsig gewesen und habe auf die Unterhaltungskunst herabgeblickt. Doch dann erkannte sie den großen Gestaltungsfreiraum, den ihr die Arbeit im Kulturpalast bot. »Der Kulturpalast war Kunst in allen Räumen, für alle Bevölkerungsschichten. Ich habe ihn geliebt. Neben dem Palast der Republik in Berlin war es das erste Haus im Land.«

Am Anfang durfte sie nur für den Jugendclub arbeiten, dann erhielt sie mehr und mehr eigene Projekte. Nur bei der Vorbereitung großer politischer Veranstaltungen, wenn »Honecker und Co.« kamen, sollte sie als »Vorbestrafte« vorsichtshalber aus der »Schusslinie« verschwinden. Gern denkt sie an den Chefregisseur Heinz Burghard zurück: Der habe sich um die politischen Kontakte gekümmert und seine Leute in Schutz genommen. Heidrun Müller weigerte sich, Mitglied der SED zu werden. Um nicht länger bedrängt zu werden, ging sie deshalb zu den Liberalen.

Im Kulturpalast fühlte sie sich in ihrem Element. Sie konnte sich selbst Veranstaltungen ausdenken. Im Laufe der

Das Weihnachtsstück *Die vernichtete Weihnachtsliste*

Jahre verantwortete sie Programme auf allen Spielflächen und für das gesamte Besucherspektrum. Bei Shows wie »Auf, auf zum fröhlichen Jagen«, unter anderem mit dem Männerchor »Bergfinken«, und »Von Herz zu Herz« führte sie ebenso Regie wie bei Festveranstaltungen für Betriebe. Gern erinnert sie sich an die Kinderweihnachtsprogramme. 1973 half sie, eine Kindertanzgruppe aufzubauen. 15 Jahre später reimten die jungen Tänzer über sie: »Die Heidrun nimmt alles ziemlich genau, sie ist Regisseurin, die zierliche Frau. Am Regiepult kopiert sie mal diesen und jenen in lauten, leisen und netten Tönen. Die ›Tanzschau‹ hatte sie völlig im Griff, sie gab gute Hinweise, die jeder begriff ...«

Schon die Kleinen lernen im Kulturpalast tanzen: Die Kindertanzgruppe mit Lehrerin Gabriele Wunsch

Zu den Erinnerungsstücken von Heidrun Müller zählen auch Formate wie die »Tanzschau« und das Internationale Tanzfestival Dresden. Auch dort ist sie als Regisseurin vermerkt. Ursprünglich war Letzteres als Internationales Pressefest-Turnier der *Sächsischen Zeitung* in der Freilichtbühne Junge Garde gestartet. 1970 fand es dann zum ersten Mal im Kulturpalast statt. Organisiert wurde es von den bekannten Dresdner Tanzlehrern Elfriede und Werner Graf, später von dessen Sohn Rainer. Von Anfang an vereinte das Tanzfestival Profis und Amateure und

Das Internationale Tanzfestival Dresden 1985. Es galt als eines der besten weltweit. Im Hintergrund die Dresdner Tanzsinfoniker unter Leitung von Günter Hörig

wurde so zum Synonym für sportliche Spitzenleistungen wie auch für exzellente Shows. Großen Wert legten die Veranstalter auch auf die Turniermusik. Neben dem Spitzenorchester Dresdner Tanzsinfoniker begleiteten auch die Sinus-Formation, die Reinhard-Stockmann-Band, die Peregos, die Orchester Erwin Thiele und Gerhard Moses, die Streichergruppe Dresden, die Hotspurs sowie das Orchester Jo Kurzweg die Tanzpaare. Bis zum 30. Jubiläum 1999 traten insgesamt 540 Paare aus 26 Ländern in Dresden an. Unter ihnen waren Welt- und Europameister. Doch das Jubiläum läutete auch das Ende ein – aus Geldmangel. Die *Sächsische Zeitung*, die Stadt

Das erfolgreichste DDR-Paar: Ehepaar Graf

Dresden, die Porzellan-Manufaktur Meissen und vor allem das Fernsehen beteiligten sich nicht mehr ausreichend mit Spenden.

In ihrem Regal hütet Heidrun Müller noch heute Schätze aus dem Kulturpalast: Fotos, Programmhefte, Verträge, Zeitungsausschnitte ... Darunter sind Autogrammkarten und persönliche Dankesbriefe von bekannten Künstlern. Eine Übersicht offenbart genau, welche Proben und Veranstaltungen im Festsaal, im Studiotheater, in den Gesellschaftsräumen und im Foyer stattfanden. Das Konzertgeschäft hatte stets Vorrang, an freien Tagen wurden Veranstaltungen im Festsaal organisiert, wie die heiter-beschwingte Unterhaltungsveranstaltung »Von Herz zu Herz«. Seit 1977 wurde sie gemeinsam mit dem Sozialverband Volkssolidarität vorbereitet. Rund 4000 ehrenamtliche Helfer der Volkssolidarität kümmerten sich allein in Dresden um die Betreuung älterer Menschen. Im ganzen Land gab es über 35 000 sogenannte Volkshelfer. Zum Programm trugen bekannte Künstler aus der DDR und den »Bruderländern«, der Kinderchor der Dresdner Philharmonie, das Orchester Theo Schumann sowie der Veteranenchor der Volkssolidarität und Kinder aus der Reihe »Patente Talente« bei.

1988 gehörte Heidrun Müller zu den Gründern des Dresdner Brettl – Theater für Cabaret, Musik und Literatur. Dennoch übernahm sie in diesem Jahr noch einmal die Regie für den Karnevalsauftakt im Kulturpalast, eine folgenschwere Veranstaltung, wie sich zeigen wird. Von 1992 bis 2000 war Müller stellvertretende Regierungssprecherin und bis 2006 Protokollchefin der Sächsischen Staatsregierung. Vor ihrem Ruhestand wurde sie Leiterin des Büros des Präsidenten der Sächsischen Akademie der Künste. Da Ruhe jedoch nicht ihr Ding ist, gründete sie 2010 mit ihrer Tochter eine eigene Agentur.

Das Internationale Tanzfestival Dresden 1989:
Abschlussbild mit allen Preiträgern

Unzufriedenheit findet mit den Narren ein Ventil

Allmächtiger, du weißt, wer gemeint ist! / Gib uns die Hälfte von dem, was du uns versprochen hast!« So beginnt das »Stoßgebet an Erich«. Es stammt vom Faschingsclub Kittlitz. Zum Musikstück »Air« von Johann Sebastian Bach hat es Klaus Schürer im November 1988 vorgetragen. Darin brachten die Sachsen ihren Frust auf die Politik und deren Streben, alles in Berlin zu konzentrieren, zum Ausdruck. Hier noch einige Auszüge: »Gib uns die Hoffnung für unser Gesundheitswesen, wieder gesund zu werden!« – »Lasse den Trabant so billig werden, wie er aussieht!« – »Nimm das Reisefieber von unseren Werktätigen, ... denn die Heilungschancen werden von Jahr zu Jahr geringer!«

Zweimal wurde in Dresdens Kulturpalast unter Führung des Bezirksarbeitskreises Karneval gefeiert – vom 2. bis 5. November 1985 und vom 3. bis 6. November 1988. Offiziell war das närrische Treiben als Bezirksleistungsschau deklariert. Zum Auftakt 1985 unter dem Motto »Nu gugge mal da« traten »August der Starke«, »Hofnarr Fröhlich« und vor allem das Kulturpalast-Ballett sowie die Funkengarde und der Elferrat der einzelnen Clubs auf. Alles nett, aber im Vergleich zur zweiten Veranstaltung politisch ziemlich brav. »Wir hatten später bewusst auf Büttenreden gesetzt, um auf Missstände aufmerksam zu machen«, erinnert sich Heidrun Müller, die mit Unterstützung von Horst Blawitzki im Kulturpalast Regie führte. Sie sichtete die Programme von 35 Karnevalsclubs und gestaltete daraus die brisante und rasante Show. »Wir sind der Schnabel des Volkes, wir reden. Narren haben schließlich Narrenfreiheit«, so Blawitzkis Überzeugung.

Karneval als ein Ventil, so hätte es die DDR-Spitze gern gesehen. Anfang der 1950er Jahre wurde versucht, besonders in Großstädten wie Dresden und Leipzig Straßenkarneval zu

Das Kulturpalast-Ballett feiert Karneval mit.

organisieren. Damit sollte der »Klassengegner« angeprangert werden. »Es ging gehörig schief«, erinnert sich Henry Hasenpflug. Aber in kleinen und mittleren Städten sowie in Dörfern entstanden ohne Dazutun der Partei und Regierung Karnevalsclubs, meist getragen von Handwerkern und Gewerbetreibenden. Zunehmend hatten die Clubs auch Zulauf von der Intelligenz. So kam auch Henry Hasenpflug zum Radeburger Carnevals-Club (RCC) und war lange Zeit dessen Präsident. »Die Clubs, die rechtlich nicht selbständig waren, sondern unter dem Dach von Dorfclubs, Clubs der Werktätigen, Sportvereinen, dem Kulturbund und anderen angesiedelt waren, entwickelten eine große Dynamik«, erinnert sich Hasenpflug. Das wiederum habe die Kulturfunktionäre veranlasst, nicht gänzlich tatenlos zuzuschauen. Es entstanden ZAK, BAK und KAK (Zentraler, Bezirks- bzw. Kreisarbeitskreis Karneval). Im Bezirkskabinett für Kulturarbeit gab es mit Thomas Schröder einen Mitarbeiter, der ausschließlich das Thema Karneval betreute. Hasenpflug arbeitete beruflich als Lehrer, Direktor des Statistischen Landesamts Sachsen, Regierungspräsident und bis zu seiner Pensionierung als Staatssekretär im Wissen-schaftsministerium. Nach 1990 war er im Ehrenamt Vize- und Präsident des Verbands Sächsischer Carneval (VSC), er sagt: »Dank des engagierten Wirkens von Thomas Schröder und der Rückendeckung durch seinen Direktor Dieter Purkus wurden die Rahmenbedingungen für eine Karnevalsschau 1988 im Kulturpalast erst möglich. Der BAK nutzte die Chance, suchte und fand viele Karnevalsclubs, die das Programm mit Ideen-vielfalt und Begeisterung ausfüllten.« BAK-Präsident Lothar Franze führte als Hofnarr Fröhlich durch die Veranstaltung.

Von Anfang an dabei war auch Horst Blawitzki. Er wurde schon als 14-Jähriger mit dem Karnevalsvirus infiziert. Im normalen Leben war er Ingenieurökonom, Fachingenieur für Arbeitswissenschaften und Museologe. Zum Meißner Carne-vals-Verein (MCV) kam er in den 1950er Jahren und wurde schnell dessen Vizepräsident. Zu Hochzeiten gab es in der DDR 1344 offiziell registrierte Karnevalsvereine mit rund 70 000 aktiven Mitgliedern. Sie organisierten jährlich 120 000 Veranstaltungen mit 6,5 Millionen Besuchern. Blawitzki blieb dem Karneval bis ins hohe Alter treu, war nach der politischen Wende Mitbegründer des VSC und wirkte später dort als Vize-präsident und Landesarchivar. »Ich hatte mir zum Ziel gesetzt, die Wurzeln des sächsischen Karnevals und die Brauchtums-pflege zu erkunden.« So fand er heraus, dass der Ursprung des Karnevals in Sachsen im Jahre 1365 liegt, die Winteraus-treibung in Görlitz quasi als »Geburt« des karnevalistischen Treibens in der Region gilt.

Beim Karnevalsauftakt im November 1988 im Dresdner Kulturpalast war er in seinem Element. Die beiden Regisseu-re Heidrun Müller und Horst Blawitzki konnten für das Gala-programm aus einem reichen Angebot der einzelnen Clubs schöpfen. Die Hinterweltler aus dem westfernsehfreien Raum, wie es Blawitzki nennt, waren mutig geworden. Sie fühlten sich durch das Treffen der Präsidenten der Karnevalsclubs der DDR im April 1987 in Suhl beflügelt. »Dort, wo jeder mit einer Zimmerantenne ARD und ZDF schauen konnte, und damit auch alle politischen Satiresendungen gegen den Osten, war zwangsläufig die Schmerzgrenze der Kulturfunktionäre deutlich größer als bei uns im Bezirk Dresden«, sagt Hasenpflug. »Wir waren überzeugt, was in Suhl machbar ist, muss auch in Dresden gehen.«

Es gab keinen Beitrag, kein Lied und Wort, bei dem der politische Seitenhieb fehlte. So wurde beispielsweise Egon der Bauarbeiter als Faultier an einer Stange auf die Bühne getragen. Zum Schluss versicherte Egon: »Im Karneval wird alles maßlos übertrieben.« Dann ging er ein paar Schritte weiter und setzte verschwörerisch hinterher: »Aber in Wirklichkeit ist alles viel schlimmer.«

Die Radeburger Karnevalisten um Hasenpflug traten als Straßenkehrer auf. »Wir reden nicht viel, aber machen tun wir wenig.« – »Abschied ist ein scharfes Schwert, wenn jemand von Berlin wegfährt. Du musst jetzt stark sein und wein' keine Tränen, musst dich ganz schnell ans Normale gewöhnen. Schön wie ein Traum ist die Erinnerung ...«

Ein anderes Bild: »Summ, summ, summ.« Als Bienen verkleidete Tänzerinnen sammelten fleißig Honig. Dann marschierte ein dicker Bär mit einem Schild »751 Jahre Berlin« auf die Bühne, begleitet von schwarzgekleideten Herren, und fraß genüsslich den ganzen Honig weg. Doch damit nicht genug der Provokation. Die Bienchen schärften ihre Stacheln an Schleifsteinen und vertrieben den Bären. So deutlich wurde bis dahin der Frust auf die Partei- und Staatsführung in Berlin, die das wenige aufsaugte, nicht geäußert. Kulturfunktionär Thomas Schröder gab damals sinngemäß die Parole aus: Es wird nichts gestrichen, sondern unterstrichen. Die sollen merken, was im Land los ist. »Kurzum, wir erhielten vom Bezirkskabinett für Kulturarbeit und auch vom Chef des Kulturpalastes Rückendeckung«, sagt Hasenpflug.

Das fröhliche Treiben hatte aber ein Nachspiel. Dietmar Kühnert, damals Künstlerischer Direktor des Kulturpalastes, erinnert sich. »Gemeinsam mit Dieter Purkus war ich zu allen Proben im Festsaal. Lediglich eine Szene hielt ich für zu riskant. Römische Legionen waren einmarschiert und wurden vom sächsischen König mit den Worten begrüßt: ›Welch eine Schande, fremde Soldaten im Sachsenland.‹ Der Bezug zur Sowjetarmee war deutlich. Ich bin kein Selbstmörder. Vielleicht war es aus heutiger Sicht kleinlich, das zu ändern«, erzählt Kühnert. Alle Vorstellungen waren großartig, der Saal tobte. Bis zum Jahresende schien alles prächtig. Kühnert: »Von Stadt und Bezirk hörten wir Lob, so mache man Karneval im Sozialismus auf dem Boden sozialistischer Ideologie.« Er hatte sich zu früh gefreut, die Stunde der Kleingeister und »ideologischen Wächter« kam noch. Dieter Purkus ließ die Vorstellung auf Video aufnehmen. Doch entgegen  seiner Empfehlung führte der Abteilungsleiter Kultur des Rates des Bezirkes bei einer Tagung von Kulturhausleitern das Video vor. Unter einem Vorwand lieh sich der Leiter des Kulturhauses der Nationalen Volksarmee in Löbau das Video aus. Er schickte es mit einer saftigen Beschwerde über die »ideologische Unbotmäßigkeit der Dresdner Genossen« an die Zentrale Partei- und Kontrollkommission des ZK der SED. Damit wurde eine Lawine in Gang gesetzt.

Den Berlinern war die Kultur- und Kunstpolitik in Dresden schon lange suspekt. Offensichtlich griff der SED-Bezirkschef Hans Modrow nicht richtig durch. Dass in der Herkuleskeule gewettert wurde, ließ sich noch verkraften. Im Staatsschauspiel Dresden hatte im April 1989 das Stück *Die Ritter der*

Tafelrunde Premiere, – eine Persiflage auf den Machtapparat der DDR, mehr noch, eine Metapher auf den ideologischen Zerfall des Herrschaftssystems im Osten. Auch der Rektor der Dresdner Kunsthochschule soll dem Hörensagen nach in einer Festveranstaltung seine Ziele zum 40. Jahrestag der DDR präsentiert und nach einem Komma hinzugefügt haben: »Wenn sie bis dahin nicht zusammengebrochen ist.« Das machte natürlich sofort die Runde. Und nun auch noch Ärger im Vorzeigehaus Kulturpalast ... Erich Honecker soll sich höllisch aufgeregt haben. Er verbot die Veröf-

Seit seiner Gründung 1961 steht die Herkuleskeule für brisantes politisches Kabarett. Hier eine Aufführung des Programms *Lach schneller, Genosse* von 1968, schon damals in der bis 2017 gültigen Spielstätte am Sternplatz

fentlichung des Programms. Im Januar 1989 untersuchte eine zentrale Parteikontrollkommission die Zustände in Sachsen.

»Das Ganze kam im freien Fall nach unten. Gegen Dieter Purkus und mich wurde ein richtiger Schauprozess bei der SED-Stadtleitung durchgeführt. Es sollte ein Exempel statuiert werden. Das Ziel stand schon vorher fest: Parteiausschluss. Mir wurden klassenfeindliche Tätigkeiten vorgeworfen, wir haben dem Klassenfeind die Bühne überlassen und konterrevolutionäre Tendenzen im Programm geduldet«, erzählt Kühnert. Er selbst hatte Redeverbot und konnte sich nicht einmal verteidigen.

Im Vorfeld gab es einen Bericht der Staatssicherheit über die Zustände im Kulturpalast. Darin wurde unter anderen dem Chef vorgeworfen, dass der sich mehr um den Bergsteigerchor als um den Kulturpalast kümmere. Das Schicht-Theater spiele ideologisch bedenkliche Stücke und die künstlerische Qualität des Programms sinke. Kühnerts Parteiausschluss folgte ein »strenger Verweis«. »Ich bin da im Kulturpalast Spießruten gelaufen. Der Direktor legte mir die Kündigung nahe.«

Dagegen ging es für Blawitzki glimpflich ab. Er wurde damals zur SED-Bezirksleitung nach Dresden bestellt. »Das war früh um acht Uhr. Ich musste in einem Raum Platz nehmen, indem es nur Tisch und Stuhl gab, und warten und warten.« Abends gegen 20 Uhr durfte er gehen. »Die wollten mir Angst einjagen.« Blawitzki, der damals als Direktor im Meißner Stadtmuseum arbeitete, erhielt Regieverbot. »Man wollte mich außerdem im Museum rausschmeißen, ich sei politisch nicht tragbar. Aber man konnte mir arbeitsmäßig nichts vorwerfen und Freizeit ist nun mal Freizeit.«

Über tausend Urania–Veranstaltungen

Deutlich sachlicher als bei den Narren ging es immer wieder donnerstags zu, wenn das Urania-Vortragszentrum Gast im Haus war, meistens im Studiotheater. Es zählte zu den treuesten und ältesten Mietern, wie Urania-Geschäftsführer Karl-Heinz Kloppisch einschätzt. Die erste Urania-Veranstaltung fand kurz nach der Eröffnung des Kulturpalastes 1969 statt. Die letzte am 12. Mai 2012 war die 1001. Über 100 000 Besucher dürften allein Urania-Gäste gewesen sein. Kloppisch schwärmt von der Reihe »Simultan – Wissenschaft live«, bei der von 1986 bis 1990 auf drei Etagen des Kulturpalastes gleichzeitig Vorträge und Podiumsgespräche mit bis zu 600 Besuchern zu Themen wie Stadtentwicklung, Energiepolitik, Medizin, Technik und Umwelt stattfanden.

Der Dresdner Ehrenbürger Manfred von Ardenne nutzte am 16. Oktober 1989 das Urania-Forum im Kulturpalast, um seine Vorstellungen von Reformen in der DDR zu präsentieren.

Über 40 Jahre lang bot die Urania im Kulturpalast interessante Vorträge für jedermann an.

Ursprünglich sollte von Ardenne bei einer heiteren Show mitwirken. In seiner Autobiografie beschrieb der bekannte Wissenschaftler die Situation so: »Eine halbe Stunde vor der Veranstaltung erbat ich ein Gespräch mit dem verantwortlichen Regisseur. Ich eröffnete ihm, dass ich nicht an dem heiteren Teil der Veranstaltung teilnehmen würde, aber um sein Einverständnis ersuche, dass ich unmittelbar anschließend eine Rede ernsten Inhalts zu den blutigen Vorgängen auf der Prager Straße am 7. und 8. Oktober halten könne.« Für Kloppisch stand das außer Zweifel. Er konnte sogar mit dem Fernsehen klären, dass auch die Rede übertragen wurde. »Der Vortrag von Manfred von Ardenne hat die Leute gefesselt. Nach den ersten drei Sätzen stand der Saal.« Von Ardenne sprach davon, wie der »Sozialismus weiter verbessert werden könne«. Da es für kleine Kurskorrekturen zu spät sei, forderte er »tiefgreifende Reformen«. Ein Novum zur damaligen Zeit, der volle Wortlaut wurde an den folgenden Tagen in allen Dresdner und einigen Berliner Zeitungen abgedruckt.

Als ein Glas Radeberger 63 Pfennige kostete

Der Kulturpalast war ein wirkliches Haus des Volkes. Davon ist Gert May überzeugt. Der Serviermeister arbeitete für die Handelsorganisation (HO) von 1969 bis 1990 im Kulturpalast. Vom Restaurantleiter hatte er sich zum Direktor Gastronomie hochgearbeitet. Anfangs war die Gastronomie wohl eher ein notwendiges Anhängsel. Doch zunehmend wurden Kultur,

Dresdner Philharmonie und Gastronomie zu einem bewähr-
ten Dreigestirn im Kulturpalast. May erinnert sich gern an
zahlreiche Begegnungen mit namhaften Künstlern, darunter Stardirigenten wie Herbert von Karajan, Kurt Masur und
Herbert Blomstedt, die Dresdner Kammersänger Theo Adam
und Peter Schreier sowie Unterhaltungskünstler wie Gilbert
Bécaud, Karel Gott und Katja Ebstein.

Etwa 120 Köche, Kellner und Küchenhilfskräfte sorgten
sich um das Besucherwohl. Das Restaurant an der östlichen
Seite des Kulturpalastes verfügte über 200 Plätze, ebenso viele
gab es in den Gesellschaftsräumen. Die Betriebskantine mit
35 Plätzen versorgte Personal und Künstler. Zu jeder Veranstaltung organisierten May und sein Team eine Getränke- und
Imbissversorgung. Zu den Höhepunkten zählt er zweifellos
die Veranstaltungen im Saal, die das berühmte Kippparkett
zum Tanzsaal werden ließen. Das Umrüsten war sehr zeitauf-
wendig und erfolgte meist über Nacht. Bei der sogenannten
Tanzbestuhlung fanden 800 Gäste im Saal Platz. In der Regel

Die »goldene Stimme aus Prag«:
Karel Gott war mehrfach zu Gast im Kulturpalast.

handelte es sich um Betriebsjubiläen, die beispielsweise nach Tanzturnieren stattfanden. Dresdner Großbetriebe nahmen langjährige Wartezeiten in Kauf, um einen solchen Termin zu ergattern. Hat es dann geklappt, gestaltete der Kulturpalast für die Betriebe große Programme, auch mit Westkünstlern.

Das Staunen war groß, wenn die Gastronomen acht Buffets in den Saal hineinfuhren, erinnert sich May. Ohne seine Mitarbeiter, die, wenn es nottat, auch mal zehn oder zwölf Stunden im Einsatz waren, wäre das alles nicht gegangen.

May, ein CDU-Mitglied, freute sich, wenn alle vier Jahre die Nationale Volksarmee ihre Bezirkskonferenz im Kulturpalast veranstaltete. Nicht weil er das Militär liebte, sondern weil es während dieser Zeit im Kulturpalast Bücher und Schallplatten zu kaufen gab, die man sonst kaum bekam. Wenn Staats- und Parteiprominenz im Haus war, wurde übrigens meistens nichts Außergewöhnliches serviert. Die Funktionäre waren mit Schweinebraten, Kassler und Rouladen zufrieden, erinnert sich der Gastronomie-Direktor.

Das Restaurant, ausgestattet von den Deutschen Hellerauer Werkstätten, zierte das Wandbild »Heitere Reminiszenzen aus Dresden« und die einzigartige Kranichdecke.

May bewahrt heute noch Speisekarten seines Restaurants auf. Es zählte zur gehobenen Preisstufe III. Dennoch konnten dort selbst Studenten einen fröhlichen Abend für weniger als zehn Mark verbringen. Eine Portion Hackepeter mit Butter und Brot kam damals 2,10 Mark, die Käseplatte 20 Pfennige mehr. Ein Glas Radeberger kostete 63 Pfennige. Drei große Tanks im Haus waren mit bis zu 3000 Litern Bier gefüllt. Ein einfaches Gedeck, heute würde man vom Drei-Gänge-Menü sprechen, kostete 7,40 Mark, bei der gehobenen Variante in der Weihnachtskarte 1985 waren es 14,10 bzw. 12,70 Mark. Fürs Schweineschnitzel zahlten die Gäste im Restaurant 3,10 Mark, für den Kasslerrücken 3,45 Mark und für die Rehkeule 5,90 Mark.

Hier ist eine kleine Erinnerung an die DDR-Finanzpolitik angebracht. Preise und Löhne wurden in der Regel staatlich festgesetzt. Dinge des täglichen Bedarfs wurden subventioniert. So kostete beispielsweise ein einfaches Brötchen 5 Pfennige, ein Liter Vollmilch etwa 70 Pfennige. Waren, die die DDR gut gegen Devisen exportieren konnte oder selbst im Ausland einkaufen musste, waren hingegen extrem teuer. Ein Farbfernseher kostete in den 1980er Jahren zwischen 3.500 und 6.900 Mark. In Statistiken wird das durchschnittliche Bruttoeinkommen 1975 mit 889 Mark und 1989 mit 1.300 Mark angegeben. Zum Ende der DDR lag die Rente im Schnitt bei 431 Mark. Damit sind die Gaststättenpreise nur bedingt mit heutigen vergleichbar.

Nachdem Gert May aus dem Kulturpalast ausgeschieden ist, wurde das Restaurant zunächst vom städtischen Veranstaltungsbetrieb organisiert. Nach einer Ausschreibung erhielt die Firma Fest & gut Catering-Service 1995 den Zuschlag. Der Pächter investierte viel, um das lange zuvor geschlossene Restaurant wiederzueröffnen. Die Gaststätte wurde in kleinere Bereiche gegliedert, die Küche ausgebaut und mit neuer Kühltechnik ausgerüstet.

Dennoch war es kein Geschäft auf Dauer. Wenige Jahre später wurde die Gastronomie erneut ausgeschrieben. Sie ging an ein bayerisches Unternehmen, dessen Chef aber sehr schnell wieder verschwand, samt der Einnahme, wie damals gemunkelt wurde. »Danach wurde der Kulturpalast vom Catering des Hotels *Hilton* übernommen. Damit hatten wir einen seriösen Partner«, sagt der damalige Technische Leiter Steffen Meyer.

Goldene Scheiben verändern den Eindruck

Den meisten Dresdnern sind die bedampften Thermoscheiben, die den Kulturpalast in einem warmen Goldton erscheinen ließen, in guter Erinnerung. Diese wurden jedoch erst 1986 eingebaut, um zu verhindern, dass zu viel Sonnenlicht und Wärme in die unklimatisierten Foyers dringen konnten. Es gab dort nur eine einfache Be- und Entlüftungstechnik. Der Einbau der 1,50 mal 3 Meter großen Scheiben gehörte zu den ersten Aufgaben von Steffen Meyer, der im Januar 1986 als Technischer Leiter im Kulturpalast begonnen hatte. Er bestellte gemeinsam mit seinem zuständigen Mitarbeiter Joachim Ring die Scheiben im Glaswerk und fand mit dem Baukombinat Dresden eine Firma für den Einbau. Weil aber Baugerüste und Hubwagen zu DDR-Zeiten schwer zu bekommen waren, nutzte man auch Bühnenwagen für den Einbau. Direktor Matschke soll zudem einen tschechischen Montagekran auf Rädern besorgt haben.

Die bedampften Scheiben mit der Handelsbezeichnung Theraflex-Gold waren wiederum eine Entwicklung des Dresdner Ardenne-Instituts im Auftrag des VEB Flachglaskombinats Torgau. Zuvor waren bedampfte Scheiben, beispielsweise auch für den Palast der Republik und den Fernsehturm in Berlin, von der belgischen Firma Glaverbel gekauft worden. Dort verwendete man Gold als optische Funktionsschicht, ein Edelmetall, das in der DDR für solche Zwecke nicht zur Verfügung

Der Kulturpalast 1998 mit goldfarbenen Scheiben. Bei ihrem Einbau 1986 wurden anscheinend Fehler gemacht.

stand. Deshalb wurde im Ardenne-Institut nach Alternativen gesucht. Die dort entwickelte Pilotanlage produzierte seit 1975 im VEB Mehrschichtensicherheitsglas Potsdam-Babelsberg, erzählt der ehemalige Ardenne-Geschäftsführer Peter Lenk.

Die kupferbasierten Theraflex-Scheiben sind heute noch in vielen Städten wahrzunehmen, wie an der Leipziger Straße in Berlin oder am Funktionsgebäude der Semperoper in Dresden. Sie funktionieren dort bis heute ohne Beanstandung. Beim Kulturpalast wurden aber offensichtlich Einbaufehler gemacht. Die Fenster wurden eingekittet, dabei habe man aber nicht berücksichtigt, dass der Kitt unter UV-Bestrahlung extrem hart wird und die Fassade auf die thermische Belastung reagiert, so die Erklärung des Technischen Direktors. Christian Hellmund, der für die Sanierung und den Umbau des Kulturpalastes zuständige Architekt, geht davon aus, dass etwas zu große Scheiben eingesetzt wurden. Wie auch immer: Die bedampften Scheiben wiesen nach einiger Zeit Risse auf und mussten in jedem Fall ausgetauscht werden, da ihre klimatisierende Wirkung nicht mehr gegeben war.

Der Kulturpalast wird für Kongresse umgebaut

Veronika Tutz kümmerte sich im künstlerischen Betriebsbüro von 1984 bis 2012, seit 1991 als Leiterin, um die Koordination und Vermietung der Räumlichkeiten und die Veranstaltungsorganisation. Alles wurde in Listen eingetragen, Computer waren damals im Kulturpalast noch Fehlanzeige.

Spätestens mit dem Fall der Mauer wehte aber auch im »Tal der Ahnungslosen« ein neuer Wind. Die Dresdner gingen lieber auf Reisen als in den Kulturpalast. Schlagartig schien das Interesse an den bunten Programmen mit Gesang, Tanz und Artistik erloschen. Zumindest für einige Zeit wurden die einstigen DDR-Größen der Unterhaltungskunst links liegen gelassen.

Kongresse wiederum gab es im Kulturpalast von Anfang an. Dazu konnte der Saal für die sogenannte Kongressbestuhlung umgerüstet werden. Das Kippparkett sorgte für eine ebene Fläche, auf die Tische und Stühle gestellt wurden, erklärt Gernot Rodig. Je nach Bedarf der Veranstalter konnten auch das Stufenparkett und die Ränge einbezogen werden. Rodig hatte 1975 im Kulturpalast begonnen, war lange Zeit Technischer Direktor und von 1992 bis 1995 Geschäftsführer. Nach 1990 stieg die Nachfrage nach Kongressmöglichkeiten rasant. Vor dem 41. Kongress der Internationalen Astronautischen Föderation im Oktober 1990, bei dem der Start einer Ariane-Rakete und die Ankunft einer Raumfähre live in den Kulturpalast-Saal übertragen wurden, erhielten die Foyers neue Teppiche, die Toiletten im Haus wurden komplett erneuert sowie neue Polsterstühle in dem großen Saal aufgestellt. Das machte sich für weitere Kongresse bezahlt. Vielleicht noch spektakulärer war zwei Jahre später die Tagung der Deutschen Gesellschaft für Herz- und Kreislaufforschung. Weltweit erstmalig wurde dabei eine Operation am offenen Herzen von den Ärzten des

Herzzentrums Dresden für die Fachwelt in den Saal übertragen. Ärztekongresse tagten gern in Dresden, die Organisatoren wollten langfristig mit dem Standort planen. Aber in der Stadt gab es zu jener Zeit Diskussionen um die Zukunft des Kulturpalastes. Dieser Unsicherheit, so bedauert Rodig, wollten sich die Organisatoren nicht aussetzen.

Anfangs verfügte der Kulturpalast weder über Prospekte noch über Kongresswerbung. Die haben die Mitarbeiter kurzentschlossen selbst angefertigt, um die Möglichkeiten im Kulturpalast zu präsentieren, erzählt Veronika Tutz. Für ihren Job seien die Kenntnis über Sehenswürdigkeiten und Hotels der Stadt ebenso wichtig gewesen wie Informationen über die kommunale und politische Situation, aber auch ständige Kontakte zur Polizei unabdingbar.

Bundeskanzler Helmut Kohl im Dezember 1989 bei seinem offiziellen Dresden-Besuch im Kulturpalast, an seiner Seite DDR-Ministerpräsident Hans Modrow

Tutz hütet eine Mappe mit Erinnerungen und Dankesschreiben. So führte im Dezember 1989 Bundeskanzler Helmut Kohl erste Verhandlungen im Kulturpalast. Während des Besuchs von US-Präsident Barack Obama im Mai 2009 wurde das Haus zum Pressezentrum. Gern erinnert sich Tutz an den Evangelischen Kirchentag 2011.

Der Kulturpalast hatte auf die neue Nachfrage der Kongressveranstalter mit Umbauten reagiert. Zunächst gestalteten Rodig und sein Technischer Leiter Steffen Meyer den einstigen Imbissbereich im zweiten Obergeschoss auf der Ostseite neu. So entstanden teilbare Konferenzräume, die sich sowohl für Besprechungen im Kreis bis zu 15 Personen als auch für Tagungen mit 400 Teilnehmern eigneten. Rund 1,6 Millionen Mark wurden dafür ausgegeben. Die neue Kongressetage »Panorama« wurde 1992 mit der Hauptversammlung der Deutschen Bank in Betrieb genommen. Es folgte der Weltkongress der internationalen Föderation der Physikalischen Medizin und Rehabilitation.

Für weitere 1,2 Millionen Mark entstanden Mitte der 1990er Jahre an der Westseite die Konferenzräume »Semper« und »Zwinger«, die 1994 mit einem CDU-Parteitag zum ersten Mal genutzt wurden. In den Räumen dominierten geschwungene Formen an Decken und Wänden. Die Innenarchitekten setzten zudem auf kräftige Farben statt auf kühle Sachlichkeit. Die Konferenzräume wurden mit Klimaanlagen und aufwendiger Technik ausgestattet. Zuvor waren eine komplett neue Lüftungsanlage und Anfang der 1990er Jahre eine neue Kälteerzeugungsanlage mit einer Leistung von jeweils zweimal 600 Kilowatt eingebaut worden. Das reichte anfangs sogar, um einen Teil der Kälte an die Drewag-Stadtwerke zu verkaufen. Später richtete die Drewag eine eigene Klimaanlage für die Versorgung des gesamten Neumarkt-Gebietes im Kulturpalast ein. Diese arbeitet noch heute.

Zwischen 1989 und 2008 war der Kulturpalast Austragungsort von etwa 750 bedeutenden Kongressen und Parteitagen mit über 450 000 Teilnehmern. Dank der großen Foyers ließen sich Ausstellungen, meist von den Sponsoren, als Begleitung zu den Kongressen gut präsentieren. Auch nachdem in Dresden ein neues Kongresszentrum errichtet worden war, war der Kulturpalast bei Tagungsveranstaltern gefragt.

2002 entstand für 1,4 Millionen Mark eine neue Ticketzentrale an der Ecke zur Schloßstraße. Die Idee dahinter war ein einheitlicher Verkaufsverbund aller Dresdner Kultureinrichtungen. Für den Umbau wichen die roten Granitsockel im Erdgeschoss raumhohen Scheiben. Kurz vor der Weihe der Frauenkirche 2005 erfolgte ein ähnlicher Umbau auch an der Ostseite.

Seit 2002 ist im Kulturpalast eine Ticketzentrale untergebracht.

NACH DER WENDE — WIE GEHT ES WEITER MIT DEM KULTUR- PALAST?

Abriss oder Denkmalschutz

Am Kulturpalast scheiden sich die Geister. Sicherlich gab es nach 1990 Stimmen, das Bauwerk ganz abzureißen. In den Augen mancher war es ein typischer Zeitzeuge der DDR-Geschichte, er wurde unter direktem Einfluss der SED-Politik errichtet. Aber der Dresdner Kulturpalast war von Anfang an auch ein Ort für die Dresdner, die mit ihm schöne Erinnerungen an glanzvolle Veranstaltungen verbanden. Er war eine der wichtigsten Kultureinrichtungen in der DDR. In ihm spielten die Dresdner Philharmonie und die Staatskapelle Dresden unter Leitung weltbekannter Dirigenten und es traten international bekannte Künstler auf. Zudem war der Kulturpalast von Anfang an ein Haus des Volkes. Es gab den Jugendclub International, ein eigenes Tanzensemble, eins von dreien im ganzen Land, sowie verschiedene Chöre. Und so verstummten die Abrisstöne relativ schnell wieder.

Landeskonservatorin Professor Rosemarie Pohlack mochte den ursprünglichen Kulturpalast. »Es war ein stimmiges, gut funktionierendes Haus mit einer bestdurchdachten Nutzung. Der totale Umbau ist ohne Not erfolgt«, bedauert sie. Gleichzeitig sieht sie es pragmatisch: Der Stadtrat habe sich für eine andere Nutzung entschieden und sie diese Beschlüsse zu akzeptieren.

Als sich die Denkmalpfleger 2005 mit dem Schutz des Bauwerks befassten, hatte eine Journalistin der *Dresdner Neuesten Nachrichten* ihren Text so begonnen: »Viele halten es für überfällig, andere für überflüssig, erwartet hat es kaum noch einer.« Am Ende dauerte es noch drei Jahre, bis das Landesamt für Denkmalpflege Sachsen den Kulturpalast offiziell unter Denkmalschutz stellte. Das Wandbild »Der Weg der roten Fahne« war bereits sieben Jahre zuvor in die Denkmalliste aufgenommen worden, da es bei der damals vorgeschlagenen Umbauung des Kulturpalastes zu verschwinden drohte. Der Dresdner Kulturpalast sei mit seinem repräsentativen und zugleich auf Schlichtheit bedachten Charakter sowie seinen Aluminium-Glas-Fronten auf eingezogenem, roten Granitsockel ein bemerkenswertes Beispiel der gesamtdeutschen Architektur nach 1945, heißt es in der Begründung des Landesamts für Denkmalpflege Sachsen.

Die Gutachter verweisen auf zahlreiche Parallelen zu architektonisch anspruchsvollen westdeutschen Gebäuden. So befinden sich auf Stützen ruhende und in Glas aufgelöste, transparent wirkende Obergeschosse auch am 1958 bis 1961 errichteten Landtagsgebäude von Baden-Württemberg in Stuttgart und am 1954 bis 1956 gebauten Stadttheater von Münster.

In diese Reihe gehört auch die Neue Nationalgalerie in Berlin, die von 1962 bis 1968 nach den Plänen von Ludwig Mies van der Rohe errichtet wurde. Jener deutsch-amerikanische bedeutende Vertreter der klassischen Moderne beeinflusste offensichtlich auch Architekten in der DDR.

In der Denkmalbegründung vom Sommer 2008 heißt es wörtlich: »Der Kulturpalast besitzt mit seiner optisch hervorgehobenen Schaufront und

Der Kulturpalast Dresden – ein Haus des Volkes: Viel Lebensfreude zum 50. »Stammtisch«

dem zum Großteil noch erhaltenen Interieur aus der Entstehungszeit auch einen künstlerischen sowie kunsthistori-
schen Wert. Die in Glas aufgelösten Obergeschosse, die fili-
granen Stützen im Sockelbereich und das flache, überste-
hende Dach geben dem Gebäude aus der Fernsicht ein ästhe-
tisch ansprechendes Erscheinungsbild. Dabei wird das Äußere durch deutliche Material- und Farbkontraste bestimmt.
Die abschließende Kupferhaube lässt den zentralen Fest- bzw.
Mehrzwecksaal nach außen als Dachkrone sichtbar werden.
Die Front zum Altmarkt bereichern fünf große Eingangstüren
mit Bronzereliefs.«

Die Denkmalpfleger würdigten in ihrer Einschätzung auch
ausdrücklich den Mehrzwecksaal mit seinem Kippparkett.
Der markante Saal böte für die unterschiedlichsten Veranstal-
tungen wie Konzerte, Ballettaufführungen, Kongresse und
Ähnliches hinreichend Platz, so die Gutachter. Die Wände, der
Bühnenraum und die Brüstungsverkleidungen bestünden aus
Teakholz.

Der Dresdner Kulturpalast gilt als erstes Beispiel eines
neuen Bautyps in der DDR. Flache und transparente Kultur-
häuser und Paläste entstanden jedoch in den 1960er und
1970er Jahren auch in anderen DDR-Bezirksstätten. Die meisten von ihnen sind inzwischen stark umgebaut oder wie der
Palast der Republik in Berlin abgerissen. 2002 hatte der Deutsche Bundestag den Abbruch des 1973 bis 1976 gebauten Pres-
tigebaus beschlossen. Offiziell hieß es, er sei nicht sanierbar
gewesen. Diese Begründung kam offensichtlich vielen zu-
pass, die einen radikalen Schnitt mit der DDR-Vergangenheit
wünschten.

Der Umgang mit der Architektur der 1960er und 1970er
Jahre ist generell schwierig, schätzt die Sächsische Landeskonservatorin ein. Bei der sogenannten Ost-Moderne kommt
jedoch noch eine Verbindung mit dem politischen Umbruch
1989/90 und der deutschen Wiedervereinigung hinzu. Min-

destens eine Generation müsse vergehen, um den Wert eines Bauwerks wertschätzen zu können, sagt Rosemarie Pohlack. Und anders als historische Burgen und Schlösser sind die modernen Bauten nicht für die Ewigkeit geschaffen. Nach 30 bis 50 Jahren bedürfen sie einer grundsätzlichen Sanierung – oft bleibt nur ein Neubau. Während alte Burgenmauern einen besonderen Charme ausstrahlen, wirken verschlissene Fassaden aus Stahl, Beton und Glas schnell unansehnlich. Häufig wurden Stoffe verbaut, die heute als gesundheitsgefährdend gelten. Der Brandschutz entspricht nicht mehr aktuellen Anforderungen. Die Energiebilanz der Gebäude mit Metall-Glas-Vorhangfassaden ist oft ebenso schlecht wie der Ruf als DDR-Vorzeigeobjekte, da werden Forderungen nach Veränderung, städtebaulicher Verdichtung und Abriss schnell laut.

Ein Beispiel ist in Dresden die Prager Straße. Erst 2003 wurde sie als ein »Meisterwerk der sozialistischen Stadtbaukunst der Nachkriegsmoderne« eingeschätzt. Doch zu dieser Zeit war der einst sehr breite Boulevard bereits weitgehend »verdichtet«, das heißt enger bebaut und auf 18 Meter ver-

Kulturpalast Dresden – ein Denkmal der DDR-Baukunst

kleinert worden. Der einst bekannte Pusteblumenbrunnen ist nur noch als Rudiment erhalten, und rund um das in den 1970er Jahren errichtete Rundkino waren zusätzliche Bauten entstanden. Damit wurde das Kino seines Freiraumes und also seiner Wirkung beraubt. Für die Errichtung eines neuen Einkaufszentrums erfolgte 2007 der Abriss des einstigen Centrum-Warenhauses mit seiner Wabenfassade und dem Restaurant *International*.

Immer wieder musste sich Rosemarie Pohlack den Vorwurf gefallen lassen, zu viele Veränderungen zu akzeptieren. Kritiker werfen dem Landesamt vor, den Kulturpalast zu spät und nicht vollständig unter Schutz gestellt zu haben. Der damalige Landtagsabgeordnete Karl-Heinz Gerstenberg von der Fraktion Bündnis 90/Die Grünen forderte im Mai 2011 mit einer Anfrage an den Sächsischen Landtag Klarheit: »Erfolgten sowohl die Unterschutzstellung des Kulturpalastes als auch die Genehmigung der Umbaupläne im Einvernehmen zwischen der Unteren Denkmalsschutzbehörde und dem Landesamt für Denkmalpflege?«, fragte er. Zudem wollte Gerstenberg wissen, ob der Erhalt des Mehrzwecksaales eine Rolle gespielt hat und inwieweit die Umbaumaßnahmen den kulturhistorischen Denkmalwert des Objektes schmälern.

In seiner Antwort verweist das Landesamt für Denkmalpflege auf ausführliche Gespräche mit der Unteren Denkmalschutzbehörde und dem Hochbauamt der Stadt. Das Landesamt wurde in die Umbaupläne einbezogen. Dies gilt sowohl für die Vorbereitung des Wettbewerbs, für dessen Durchführung als auch für weiterführende Planungsschritte zur denkmalgerechten Sanierung der baulichen Hülle, der Foyers und der Schmetterlingstreppenhäuser, die in ihrer Substanz bzw. ihrem originalen Erscheinungsbild erhalten werden. Das Landesamt hat natürlich auch den großartigen Mehrzwecksaal unter Schutz gestellt. Dessen Erhaltung konnte es leider nicht durchsetzen. Dies würde aus Sicht der Stadt zum Scheitern des Gesamtkonzepts führen, erklärte Michael Kirsten. Der Leiter der Abteilung Gebietsdenkmalpflege des Landesamts stellte deutlich klar: Die Maßnahmen zum Neubau eines Konzertsaals schmälern den Denkmalwert, da der Mehrzwecksaal Kern und wesentlicher Bestandteil des Kulturdenkmals ist. Die Eingriffe in die Struktur des Kellergeschosses durch den Einbau der Herkuleskeule hält er hingegen für weniger problematisch.

Nachdem der Stadtrat den Beschluss zum Umbau des Kulturpalastes getroffen hatte, setzten sich Landesamt und Untere Denkmalsschutzbehörde dafür ein, dass wenigstens die geschützten Teile erhalten oder in der ursprünglichen Form rekonstruiert werden. Denkmalpflege bleibt immer ein Kompromiss zwischen dem Gewünschten und dem Machbaren.

Aufführungen mit der Feuerwehr vor der Tür

Schock: Wenn im Saal die Künstler auftraten, stellte die Dresdner Feuerwehr im Februar 2007 einen kompletten Löschzug vor dem Kulturpalast auf. Finanzbürgermeister Hartmut Vorjohann hatte diese Sicherheitsmaßnahme veranlasst, nachdem neue Untersuchungen offenbarten, dass die Brandschutzprobleme gravierender als angenommen waren. Seit mindestens zwölf Jahren gab es Diskussionen um den nicht gesicherten Brandschutz im Kulturpalast. 2005 hatte der Stadtrat Geld für die Sanierung eingeplant, doch die Arbeiten wurden immer wieder aufgeschoben. Die Stadt hoffte wohl, den Brandschutz bei der kompletten Sanierung des Hauses mit erledigen zu können.

Auslöser für die plötzliche Hektik war ein neues Brandschutzgutachten der Dresdner Sicherheitsfirma Helmut Boehm, das im Vorfeld der Sanierung in Auftrag gegeben wurde. Darin machte Boehm auf die problematische Bauweise

Nicht erst wie hier, 2012, schloss der Kulturpalast seine Pforten. Schon 2007 gab es eine sechsmonatige Zwangspause.

des Kulturpalastes aufmerksam. Leitungen waren damals in Kabelschächten verlegt worden. Im Gefahrenfall könnten diese leicht wie ein Kamin wirken. Bei einer Untersuchung in Vorbereitung auf die geplante Sanierung zeigte sich zudem, dass es in den Schächten Löcher gab, weil in den 1990er Jahren zusätzliche Leitungen gezogen worden waren. So verfügte der amtierende Oberbürgermeister Lutz Vogel im März 2007: Der Kulturpalast bleibt geschlossen. »Es besteht akute Gefahr für Leib und Leben der Besucher und der Mitarbeiter«, begründete er den drastischen Schritt.

Bei der folgenden Sanierung zeigte sich: Es war alles sogar viel schlimmer als gedacht. Als typisches Bauwerk der 1960er Jahre entsprach der Brandschutz längst nicht mehr den Vorschriften. So gab es keine einzelnen Brandschutzabschnitte und im Notfall auch keine sicheren Fluchtwege.

Durch Hunderte Löcher an den Decken und Wänden wäre bei einem Brand hochgiftiger Rauch durch das gesamte Gebäude gezogen. Hinzu kamen wirre Kabelstränge, die im Laufe der Jahrzehnte verlegt worden waren, undichte Türen und diverser Müll. Wenn es wirklich gebrannt hätte, so die Gutachter, wäre es kaum möglich gewesen, die 2500 Zuschauer sicher aus dem Haus zu bringen. So wurden allein 48 Türen ausgetauscht, um die Fluchtwege rauchfrei zu halten. Weitere Türen mussten abgedichtet werden. Für den unerwarteten Brandschutzeinsatz bewilligte der Stadtrat 3,5 Millionen Euro. Die Arbeiten dauerten bis August 2007 und sicherten für die nächsten Jahre den Betrieb im Kulturpalast. Allerdings durften fortan keine Veranstaltungen mehr parallel im Festsaal und im Studiotheater stattfinden. Durch die plötzliche sechsmonatige Schließung wegen des fehlenden Brandschutzes gab es Ausfälle in Millionenhöhe.

Sanierung fast so teuer wie der komplette Umbau

Weil selbst nach dem Stadtratsbeschluss vom Juli 2008 zum Einbau eines modernen Konzertsaals die Diskussion nicht abebbte, stellte ein Vertreter des Hochbauamts im November 2009 erneut Variantenvergleiche und Risiken vor. Gehandelt werden müsse, weil der Brandschutz gravierend von den geltenden Normen abweiche und damit die Betriebserlaubnis nur noch bis 2012 gewährleistet sei. Zudem seien nach mehr als 40 Jahren Baukonstruktion und technische Anlagen verschlissen und erneuerungsbedürftig. Auch verwies die Stadt auf gravierende Funktionsschwächen. Beide Varianten beinhalteten den Umbau der Messehalle 1 im Ostragehege zu einer Veranstaltungshalle für die »leichte Muse« für reichlich drei Millionen Euro. Darüber hinaus investierten Stadt und Dresdner Verkehrsbetriebe rund 15 Millionen Euro für eine Straßenbahntrasse in das Messegelände.

Am Ende unterschieden sich die geschätzten Kosten für den geplanten Umbau einschließlich eines neuen Konzertsaals kaum von den »Sowieso-Kosten« für eine »Sanierung im Bestand« mit einer »Ertüchtigung« der Akustik im vorhande-

Der Kulturpalast 2002: Dahinter in den Regalreihen lagern die historischen Steine zum Wiederaufbau der Frauenkirche

nen Saal. Für den Neubau eines eigenständigen Konzerthauses veranschlagte die Stadt weitere Kosten in Höhe von knapp 133 Millionen Euro. Diese riesige Gesamtsumme sei nicht aufzubringen. Zusammenfassend sah die Stadt im Umbau und Einbau eines Konzertsaals ein Mehr an Funktionalität und Nutzungsqualität. Zudem würde Dresden eine Zentralbibliothek erhalten.

Der lange Weg zur Erneuerung

Im Dresdner Stadtrat herrschte zwar schnell Einigkeit darüber, dass der Kulturpalast saniert werden soll. Gutachten wurden angefertigt, Architekten um Entwürfe gebeten, Investoren für einen Umbau gesucht. Immer wieder schien es so weit, dass die Sanierung beginnen könne. Doch dann kam wieder etwas dazwischen oder das Geld fehlte. So vergingen insgesamt etwa zwei Jahrzehnte bis zum wirklichen Sanierungsbeginn. Eine kleine Chronik soll den langen Weg verdeutlichen.

1994: Ein Entwurf der Architektenkammer Sachsen sieht Anbauten an der Schloßstraße und der Wilsdruffer Straße vor. Dadurch soll der Kulturpalast zur Stadthalle mit Kongresszentrum, Konzertsaal und Kammermusiksaal werden. Zu den Entwurfsarchitekten zählt auch Wolfgang Hänsch. Die Stadtverwaltung beauftragt den Dresdner Architekten Dieter Schölzel und sein Planungsbüro zu überprüfen, ob die Pläne machbar sind. Hauptpunkt ist bereits: Die Philharmonie braucht einen qualitätsvollen Saal. Nach Einschätzung von Schölzel ist es möglich, den Mehrzwecksaal in einen modernen Konzertsaal zu verwandeln. Allerdings würde damit die Stadthallenfunktion zumindest teilweise verlorengehen. Schölzel rechnet mit Kosten in Höhe von 35 Millionen Mark. Bereits im April 1994 beschließt der Dresdner Stadtrat einstimmig: »Für die Dresdner Philharmonie als europäisches Spitzenorchester ist der Festsaal auf Dauer unzulänglich. Dresden benötigt einen Konzertsaal für die Philharmonie für 1800 bis 2000 Besucher ...«

1995: Für die Dresdner Philharmonie sind die akustischen Mängel im Mehrzwecksaal spätestens nach 1989 durch den wachsenden Konkurrenzdruck zur Existenzfrage geworden. Die Staatskapelle Dresden ist 1991 vom Kulturpalast in die Semperoper gezogen. Der damalige Oberbürgermeister Herbert Wagner verspricht zum 125. Geburtstag der Philharmonie dem städtischen Orchester einen Konzertsaal im Kulturpalast mit 2000 Plätzen sowie einen Kammermusiksaal mit 800 Plätzen. Für Letzteren ist ein Anbau geplant. Die Akustik im großen Saal soll sich komplett nach den Bedürfnissen der klassischen Musik richten. Kongresse, Tagungen und andere »Sprechveranstaltungen« sollen im Messegelände Ostragehege angesiedelt werden. Die von den Architekten Schölzel und Dietrich Kämmler vorgelegte Variante für den in seiner Geometrie völlig veränderten Konzertsaal sieht eine Entkernung des Kulturpalastes vor. Lediglich tragende Wände und das Dach blieben so erhalten.

1998: Drei Jahre später liegen die ausgearbeiteten Umbaupläne vor. Danach soll der Festsaal für 35 Millionen Mark vollständig umgebaut werden. Noch etwas mehr als diese Summe plant die Stadt für die Erneuerungen der Heizung, Lüftung und Sanitäreinrichtungen ein. Die Entwurfsplanung liegt der Verwaltung seit 2001 vor. Doch weil die Stadtkassen leer sind, hat der Stadtrat zunächst nur knapp zwei Millionen Euro Planungskosten bewilligt. Es wird ein Akustikmodell im Maßstab 1:20 angefertigt, um die Qualität für jeden einzelnen Platz testen zu können. Ein Jahr später wird die Umsetzung der Pläne erneut hinausgeschoben.

Um Geld für den erforderlichen Umbau und die Sanierung zu haben, schreibt die Stadt Grundstücke um den Kulturpalast zum Verkauf aus.

2002: Einziger Bewerber für den Kauf ist die Chemnitzer Firma Sachsenbau. Sie stellt 2002 ihren gigantischen Entwurf öffentlich vor. Der Kulturpalast soll unter die Haube, so sieht es der Berliner Architekt Hans Kollhoff vor. Statt des ursprünglich vorgesehenen Anbaus schlagen er und Sachsenbau-Chef Dieter Füsslein nach 18-monatiger Planung ein »großzügigeres Herangehen« vor: Ein Teil des Kulturpalastes soll abgerissen und damit der historische Verlauf der Galeriestraße wiederhergestellt werden. An der Seite zum Altmarkt plant Füsslein einen Neubau mit Arkaden, der ein Philharmonie-Foyer aufnehmen könnte. Auch an der gegenüberliegenden Seite gibt es gravierende Veränderungen: Der Kulturpalast soll bis hinter zur Sporergasse umgebaut werden. Zwischen Altmarkt, Schloßstraße und Jüdenhof am Neumarkt ist eine bis zu zehn Meter breite, überdachte Passage vorgesehen. Eine gläserne Kuppel soll diese krönen. Die Sachsenbau beabsichtigt, in den neuen Komplex zehn historische Neumarkt-Häuser zu integrieren. Vorgeschlagen wird auch ein Saal für die Operette, ein Hotel, der Bau von Wohnungen und Läden. Zum 158 Millionen Euro teuren Projekt gehört auch eine Tiefgarage unter dem Altmarkt.

Beim Kollhoff-Projekt würde vom Kulturpalast kaum etwas übrig bleiben. Das wiederum ruft die Gegner eines Umbaus auf den Plan. Landeskonservator Gerhard Glaser kann sich »nichts Untypischeres an diesem Platz vorstellen«. Die Mitglieder der Klasse Baukunst der Sächsischen Akademie der Künste beispielsweise betrachten das Vorhaben als »eine kulturelle Schande«. Im Verbund mit der Klasse Baukunst gründen vier junge Architekten wenig später die Initiative: www.kulturpalast-dresden-erhalten.de, mit der sie sich für die Bewahrung der äußeren Form und Beibehaltung der Stadthallenfunktion einschließlich der Unterhaltungsmusik einsetzen.

Aus völlig anderen Gründen können sich aber auch Stadtverwaltung und Stadtrat zu keinem Ergebnis durchringen. Füssleins Konzept sieht vor, dass sich die Stadt mit 15 Millionen Euro am Bau des Konzertsaals beteiligt. Aber auch dieses Geld ist in der Stadtkasse nicht vorhanden.

2003: Kulturpalast-Architekt Wolfgang Hänsch legt Ende 2003 einen Entwurf mit Anbauten und Arkaden zur Altmarkt-Seite vor. Auch dieser würde die äußere Gestalt des Kulturpalastes gravierend verändern.

2004: Der Traum vom großen Umbau platzt, als der Stadtrat im November 2004 das Projekt der Sachsenbau Chemnitz zur Umgestaltung des Kulturpalastes mit großer Shopping-Mall, Hotel und Büros ablehnt. Im Januar hat sich die Initiative »Neuer Konzertsaal der Dresdner Philharmoniker« gebildet. Als Ziel nennt Orchestervorstand Günther Naumann den Umbau des Saals im Kulturpalast oder einen völligen Neubau bis zum Stadtjubiläum 2006. Um den vom Stadtrat bereits 1994 beschlossenen Neubau trotz der angespannten Finanzlage der Stadt zu ermöglichen, sollen weltweit Sponsoren gefunden und Initiativkonzerte veranstaltet werden. So wird für den 12. Mai 2004 eine Aufführung von Beethovens 9. Sinfonie in der Dresdner Kreuzkirche angekündigt, deren Reineinnahmen für den Konzertsaal-Neubau bestimmt sind. Um Spenden werden auch die 11000 Konzertabonnenten der Dresdner Philharmonie gebeten.

In der Stadtverwaltung wird zu dieser Zeit der Schölzel-Entwurf erneut diskutiert. Aufgrund der leeren Kassen schlägt der Finanzbürgermeister dem Stadtrat stattdessen schrittweise Sanierungs- und Modernisierungsmaßnahmen des bestehenden Gebäudes und eine punktuelle Verbesserung der akustischen Unzulänglichkeiten des bestehenden Mehrzwecksaals vor. Derselbe Finanzbürgermeister zieht jedoch die von ihm eingebrachte Vorlage zurück. Seine Begründung: Die angesetzten Sanierungskosten von 25 Millionen Euro seien viel zu gering.

2005: Das Landesamt für Denkmalschutz prüft, das Bauwerk unter Schutz zu stellen. Vor der Weihe der Frauenkirche und der 800-Jahrfeier von Dresden wird das Äußere des Kulturpalastes zwischen August und Oktober einer Schönheitskur unterzogen. Damit hat die Stadt mit der schrittweisen Sanierung begonnen. Nötig ist dies geworden, weil Betonstücke abgefallen sind. An der umlaufenden Balustrade, den Balkonen und den Arkadenstützen wird der schadhafte Beton teilweise zehn Zentimeter tief abgetragen. Danach wird ein spezieller Sanierungsstoff, eine weitere Spachtelschicht und ein glatter Anstrich aufgetragen. An das Geländer des Balkons kommen neue Stäbe. An der westlichen Seite wird im Erdgeschoss ein Center für Tourist-Information eingebaut. Das denkmalgeschützte Wandbild »Der Weg der roten Fahne« erhält ein dezenteres schwarzes Netz und wird damit aber wieder besser sichtbar. Rund 310.000 Euro gibt die Stadt für diese Arbeiten aus.

2006: An der Ecke Wilsdruffer Straße/Galeriestraße entsteht das Informationscenter Frauenkirche. Die roten Granitplatten im Sockel werden dabei durch große Glasscheiben ersetzt. Zu den ausführenden Architekten gehört Wolfgang Hänsch. Zuvor haben die Drewag-Stadtwerke eine Anlage im Kellergeschoss eingebaut. Aus 18 Metern Tiefe wird Grundwasser gepumpt und die Kälteversorgung für das gesamte Neumarkt-Gebiet gesichert.

2007: Das Nichtstun am Kulturpalast führt schließlich dazu, dass das Haus von Mitte März bis Ende August geschlossen bleiben muss, um dringende Arbeiten zur Sicherung des Brandschutzes zu gewährleisten. Damit verschafft sich die Stadt eine Atempause. Die Betriebserlaubnis für den Kulturpalast wird für maximal fünf Jahre verlängert.

2008: Der Stadtrat beschließt am 3. Juli den Umbau des Kulturpalastes mit Bibliothek und Konzertsaal sowie eine europaweite Ausschreibung. Ein dreistufiges Verfahren wird eingeleitet. Für den Umbau, der zwischen 2012 und 2014 erfolgen soll, werden 65 Millionen Euro veranschlagt. Etwa vier Wochen später wird das Bauwerk unter Denkmalschutz gestellt.

2009: Das renommierte Architekturbüro gmp. von Gerkan, Marg und Partner erhält im Juni den Zuschlag. Erste Entwürfe sehen auch deutliche Veränderungen an der Fassade vor. So soll die rote Granitsockelzone komplett durch große Glasscheiben ersetzt werden. Auch die Flächen aus Betonformsteinen an den Gebäudeseiten sollen mit Glas ausgetauscht worden. Selbst die Bronzetüren an der Altmarktseite sind im Entwurf nicht mehr vorhanden. Aufgrund der Intervention der Denkmalschutzbehörden von Stadt und Land werden die Veränderungen zurückgenommen. Gegen die Umbaupläne wird Protest laut. Die Sächsische Akademie der Künste warnt vor dem Verlust der Multifunktionsstätte. Kulturpalast-Architekt Wolfgang Hänsch droht mit Rechtsstreit. Mit dem Saalumbau werde das »Herz aus dem Kulturpalast gerissen«. SPD und Linke im Dresdner Stadtrat wollen die Umbaubeschlüsse rückgängig machen und sammeln Unterschriften für ein Bürgerbegehren. Mehrere Vereine wie zum Beispiel »Dresdens Erben« kämpfen gegen den Umbau.

2011: Der Stadtrat beschließt nach langer Debatte die Entwurfsplanung: Der Kulturpalast erhält einen neuen Konzertsaal. Darunter wird ein Saal für das Kabarett Herkuleskeule geschaffen. Zudem ziehen die Städtischen Bibliotheken nach dem Umbau ein. Allerdings gibt es neue Finanzprobleme: Die Stadt hat zwar jahrelang mit EU-Fördermitteln gerechnet, diese aber nicht frist- bzw. ordnungsgemäß beantragt.

2012: Nachdem Oberbürgermeisterin Helma Orosz im März ein neues Finanzierungskonzept vorgestellt hat, kommt im April die Zustimmung des Stadtrats zum Umbau des Kulturpalastes. Zuvor gab es auf Antrag der Grünen eine öffentliche Anhörung über die Frage, wie realistisch die geschätzten Umbaukosten seien. Wichtigstes Ergebnis: Der Kostenrahmen wird als realistisch angesehen. Im Juni verabschiedet sich die Dresdner Philharmonie mit einem Dvořák-Konzert vom alten Saal im Kulturpalast. Im Juli lädt die Kinderrevue »Brückenmännchen« zur letzten Vorstellung ein. In zweiter Instanz bestätigt das Oberlandesgericht im November: Der Kulturpalast darf umgebaut werden.

2013: Der Stadtrat beschließt im Januar die Gründung von Kommunale Immobilien Dresden (KID). Das Unternehmen unter Leitung von Axel Walther wird mit dem Umbau beauftragt. Die Stadt gibt bekannt, dass nunmehr mit Kosten in Höhe von 88 Millionen Euro zu rechnen ist. Der offizielle Umbau beginnt im Oktober. Als Eröffnungstermin wird März 2017 genannt.

Politiker, Künstler und Architekten warnen vor dem geplanten Umbau

Immer wieder mittwochs lud der Verein »Dresdens Erben« zum »Treffpunkt Kulturpalast« ein. Vereinssprecherin Jana Knauth kritisierte die Umbaupläne: »Der Kulturpalast soll umgebaut werden – das klingt erstmal harmlos, aber es bedeutet, dass der jetzige Mehrzwecksaal herausgerissen und dafür ein Konzertsaal eingebaut wird. Dazu sollen noch die Bibliothek und die Herkuleskeule einziehen – eine hoffnungslose Überfrachtung. Wir wollen, dass der multifunktionale Saal mit dem einzigartigen Kippparkett erhalten bleibt. Für die Philharmonie ebenso wie für die Unterhaltungssparte.« Der Verein plädierte dafür, den Kulturpalast nur zu sanieren und die Akustik des Saals zu verbessern. Ein bestens funktionierendes Volkshaus im Zentrum der Stadt und bedeutsames Denkmal der Nachkriegsmoderne bliebe erhalten, das Urheberrecht des Erbauers bliebe respektiert. Zu den Kritikern eines Umbaus gehörten bekannte Dresdner Künstler wie Peter Schreier, Bernd Aust und Hartmut Haenchen.

Auf Anregung der Fraktionen von Die Linke und SPD beschloss der Stadtrat Ende 2009 eine Expertenanhörung und eine Einwohnerversammlung zu den Umbauplänen. Zuvor waren rund 19 000 Unterschriften für eine Massenpetition zum Erhalt des Kulturpalastes gesammelt worden. Das, was verniedlichend als »Umbau« bezeichnet würde, sei bei genauer Betrachtung eine weitgehende Zerstörung des Palastes im Inneren. Der bisherige Charakter dieses Kulturortes würde auf drastische Weise verändert, begründete Linken-Fraktionschef André Schollbach seine Ablehnung. Als Alternative plädierte er für den Bau eines Konzerthauses.

Der kulturpolitische Sprecher der SPD-Fraktion Wilm Heinrich äußerte sich von Anfang an skeptisch. Er bezweifelte, dass ein Umbau des Kulturpalastes in der geforderten Qualität und zu den angegebenen Preisen möglich ist. Gemeinsam

Umbau–Kritiker: Der ehemalige Künstlerische Direktor Dietmar Kühnert (Mitte) mit den Musikern Thomas Stelzer (links) und Bernd Aust (rechts)

mit den Linken forderte die SPD einen Bürgerentscheid am 8. März 2010. Als Fragestellung schlugen beide Fraktionen vor: »Sind Sie für den Umbau des Kulturpalastes zu einem Konzertsaal und einer Zentralbibliothek?« Mit den Petitionsunterschriften wollten sie ihrer Forderung Gewicht verleihen, für ein Bürgerbegehren reichte das Quorum jedoch nicht aus. Der Stadtrat hätte mit einer Zweidrittelmehrheit einen Bürgerentscheid beschließen können. Doch zu jener Zeit verfügten SPD und Die Linke insgesamt über 21 der 70 Stadtratsmandate. Die Fraktionen der CDU, FDP und auch der Grünen schätzten den geplanten Umbau als einzig realistische Möglichkeit ein, um einen erstklassigen Konzertsaal zu erhalten.

Das sah die Mehrzahl der Dresdner ebenso. In einer repräsentativen Umfrage des Instituts für Kommunikationswissenschaften der TU Dresden im Auftrag der Zeitung *Dresdner Neueste Nachrichten* hatte sich im Frühjahr 2008 eine Mehrheit für einen Umbau des Mehrzwecksaals zu einem Konzertsaal ausgesprochen. 70 Prozent waren dafür, dass die Stadt über die künftige Nutzung des Kulturpalastes entscheiden könne. 23 Prozent hielten auch nach mehr als vier Jahrzehnten ein Mitspracherecht des Architekten für angezeigt.

Zur öffentlichen Anhörung im Stadtrat stellten Gutachter verschiedene Sanierungsschritte und Möglichkeiten vor. Ihr Fazit am Ende: Die Kosten für die komplette Instandsetzung und Modernisierung des Kulturpalastes unterschieden sich nur unwesentlich von denen einer Sanierung und dem Einbau eines neuen Konzertsaals. Zur Anhörung hatte Stefan Ritter, Technischer Direktor im Kulturpalast von 1974 bis 1981, vor einem Umbau gewarnt und sich deutlich dagegen ausgesprochen. Doch rückblickend schätzt er ein: »Der Aufstand der Dresdner gegen den Umbau war sehr verhalten.«

Über Parteigrenzen hinweg waren sich die Mitglieder im Kulturausschuss der Stadt einig, dass die Dresdner Philharmonie einen angemessenen Konzertsaal benötigt. Neben

Künftig wird es im Festsaal des Kulturpalastes keine Ball- und Parkettbestuhlung, wie hier 1971, mehr geben.

Stadträtin Christa Müller von der CDU machte sich besonders Grünen-Sprecherin Christiane Filius-Jehne für dieses Anliegen stark. Ihre Argumente: Der Kulturpalast ist in den 1960er Jahren mit dem Ziel gebaut worden, vielen Menschen Kultur nahezubringen. Diesem Ziel wird das umgebaute Haus aufs wunderbarste gerecht: Die Musikstadt Dresden bekommt endlich den ihr zustehenden und lange versprochenen hochkarätigen Konzertsaal mit internationaler Strahlkraft. Gleichzeitig erhält die Stadt eine moderne Zentralbibliothek, die das Gebäude auch tagsüber belebt und mit bis zu 4000 Besuchern am Tag zu einem hoch frequentierten Ort der Kultur und der Bildung für alle macht. Ein neues Zuhause findet auch die renommierte Herkuleskeule, die über 100 000 Kleinkunstbegeisterte jährlich anziehen wird, erwartet Filius-Jehne. Der neue Kulturpalast gibt mit dieser Mischung und nicht zuletzt auch mit seiner transparenten Fassade den Blick nach drinnen wie nach draußen frei und ist das neue kulturelle Herz der Stadt.

Ein Konzerthaus als Alternative

Das Paradox ist kaum größer zu denken: Eine Stadt verfügt einerseits über zwei hervorragende, ihrer Charakteristika wegen in der ganzen Welt gepriesene und hochgelobte Orchester – andererseits aber über keinen Raum, der nur annähernd die Bezeichnung Konzertsaal verdient. Vor diesem Hintergrund schlossen sich namhafte Dresdner zur »Initiative Konzerthaus Dresden« zusammen. Ihre Forderung: Bau eines eigenständigen Konzerthauses. Mit der Landesärztekammer gab es einen möglichen Geldgeber für das rund 80 Millionen Euro teure Projekt. Die Initiative selbst suchte weitere Sponsoren.

Dresdens Finanzbürgermeister Hartmut Vorjohann sah das jedoch kritisch. Die Stadt müsste für das Konzerthaus einen Kredit aufnehmen, das könne sie sich angesichts der drängenden Aufgaben wie des Baus von Schulen und Kitas nicht leisten. Nach dem Verkauf der städtischen Wohnungen hatte die Stadt ihre Schulden getilgt, aber gleichzeitig auch eine Neuverschuldung ausgeschlossen. Mit dem Neubau eines Konzerthauses wäre auch die Konkurrenzsituation verschärft: Allabendlich müssten dann neben den 2400 Plätzen im Kulturpalast, 1200 in der Semperoper, 1750 in der Frauenkirche weitere 2000 im Konzerthaus gefüllt werden. Bei aller Begeisterung der Dresdner für klassische Musik wäre das eine enorme Herausforderung geworden.

Einer der Initiatoren der Konzerthaus-Initiative ist der frühere Architekturprofessor Manfred Zumpe. Er präsentierte eine Machbarkeitsstudie, stellte verschiedene Entwürfe vor. Mit einem neuen Konzerthaus würde Dresden wie in früheren Zeiten auch wieder ein großer Anziehungspunkt für die Musikkultur sein, argumentierte er. Doch rückblickend bedauert Zumpe: »Es war nie ernsthaft gewollt.« Freistaat und Stadt, die Träger beider Orchester, hätten nie wirklich zusam-

OBEN: Baustellenkonzert zum Baustart: Die Dresdner Philharmonie braucht einen neuen Konzertsaal. **UNTEN:** Musiker der
Dresdner Philharmonie auf der Baustelle

mengearbeitet. Statt die kulturpolitische Dimension zu sehen, wurde immer wieder die Frage der Kosten vorgeschoben.

Dem widersprach Kulturbürgermeister Ralf Lunau: Die Oberbürgermeisterin habe regelmäßige Gespräche mit der Sächsischen Staatsregierung über den Bau eines Konzerthauses und den Umgang mit dem Kulturpalast geführt. Der Neubau eines Konzertsaals für die Sächsische Staatskapelle Dresden sei nicht Bestandteil der aktuellen kulturpolitischen Planungen. Der Freistaat sehe dafür keine finanziellen Spielräume, erklärten 2009 die zuständigen Ministerinnen.

Dessen ungeachtet, setzte sich die Initiative für die »behutsame Sanierung« des Kulturpalastes ein. Margita Herz, eine der Sprecherinnen, bezeichnete den teuren Umbau als »finanzielles Abenteuer«. Zu den Konzerten der Philharmonie kamen 90 000 Besucher im Jahr, während die »heitere Muse« 200 000 anzog. Die Initiative sah im Kulturpalast ein Musterbeispiel für Schützenswertes nach dem Urheberrecht. Folglich unterstützte sie auch den Architekten Wolfgang Hänsch bei seiner Klage vor Gericht.

Ein Architekt kämpft um sein Werk

Fassungslos sah Architekt Wolfgang Hänsch auf die Umbaupläne der Stadt für den Kulturpalast. Ausgerechnet das Herzstück, der Mehrzwecksaal, sollte ausgebaut und damit vernichtet werden. Mehr als vier Jahrzehnte hatten sich in dem Saal die unterschiedlichsten Nutzungsmöglichkeiten geboten. Der Vielseitigkeit waren jedoch Abstriche bei der Akustik geschuldet. Auf Drängen der Dresdner Philharmonie hatte die Stadt schließlich beschlossen, einen neuen Konzertsaal in den Dresdner Kulturpalast einzubauen. Für Hänsch war das nicht akzeptabel: »Für mich bedeutet der Abriss des bestehenden Mehrzwecksaals und der Einbau eines inhaltlich und

gestalterisch völlig artfremden Konzertsaals eine empfindliche Entstellung des Gesamtbauwerks Kulturpalast«, sagte
er. Hänsch bot sich an, mitzuhelfen, die Akustik im Saal zu
verbessern. Den Einbau der Städtischen Bibliotheken und die
damit verbundene intensivere Nutzung beispielsweise der
Foyers betrachtete er als einen »Würgegriff«.

Der Architekt hatte sich zunächst an die Stadträte gewandt
und für eine behutsame Sanierung und den Erhalt des Mehrzwecksaals plädiert. Doch die Mehrheit des Rates stimmte
für den Umbau des Kulturpalastes und für den Einbau eines
neuen Konzertsaals. So versuchte der damals schon über
80-Jährige auf dem Rechtsweg den Saal zu retten. Ein neuer
Konzertsaal sei ein Verstoß gegen sein Urheberrecht, klagte er.
Ein ziemlich großer Kreis von Unterstützern stärkte ihm den
Rücken.

Weil es zwei konträre Gutachten gab, hatte Richter Kai-
Uwe Deusing vom Landgericht den Weimarer Architekturprofessor Gerd Zimmermann um eine weitere Beurteilung
gebeten. »Hervorragend, aber nicht einmalig.« So das kurzge-
fasste Fazit, das er zur öffentlichen Verhandlung am Landgericht Leipzig vortrug. Das 1969 eröffnete Bauwerk sei sowohl
für Dresden als auch DDR-weit bedeutsam gewesen, stellte
es doch eine Abkehr von der Stalin-Ära hin zur Moderne dar,
aber es sei kein Schlüsselbau für die Architektur im 20. Jahrhundert.

Zimmermann bemühte sich zu vermitteln. Er plädierte dafür, den Kulturpalast weiterzuentwickeln, das sichere die Zukunft und sei zudem eine Anerkennung des Werkes. Hänsch
hörte geduldig zu. Doch als Zimmermann anschließend von
einer »respektvollen Art der Aneignung« sprach, blickte er
ungläubig. »Ich bin nicht bereit, an der Zerstörung des Mehrzwecksaals im Kulturpalast mitzuwirken«, erklärte Hänsch
entschieden im Gerichtssaal. Für ihn sei der Einbau eines
neuen Saals mit der völligen Vernichtung seines Gesamtwer-

27. März 2012: Vor dem Verhandlungssaal im Landgericht Leipzig wartet Architekt Wolfgang Hänsch (2. von links) mit seinem Anwalt (rechts) und den Sprechern der Konzerthaus-Initiative Manfred Zumpe und Margita Herz.

kes gleichzusetzen. Am Ende wies der Richter die Klage zurück. Im Urteil vom 24. April 2012 ließ er aber eine Berufung zu. Für diese entschied sich Hänsch.

So kam es zum erneuten Termin vor dem Oberlandesgericht Dresden. Nach einer ersten Erörterung begab sich Richter Martin Marx mit seinen Beisitzern in den Kulturpalast, um sich vor Ort von der Qualität des Hauses zu überzeugen. Auch wenn im Saal bereits der Ausbau der edlen Holzverkleidungen begonnen hatte, zeigte sich der Richter von dem sechseckigen Grundriss und dessen Krönung durch die ungewöhnliche Dachkonstruktion beeindruckt. Zu den Besonderheiten zählten das Kippparkett und die Wandtäfelung ebenso wie die Ränge, die wie Umarmungen wirkten. Der Saal sei das »warme Herz« des Hauses, unterstrich Architekt Hänsch. Seine Unterstützer und er argumentierten, dass eine behutsame Sanierung und eine Verbesserung der Akustik deutlich preiswerter als der Einbau eines neuen Saals sei.

Zum Vororttermin hatten sie auch Simone Hain eingeladen. Die Professorin am Institut für Stadt- und Baugeschichte der Technischen Universität Graz und Kennerin der DDR-Architektur erklärte, dass mit dem Kulturpalast als erstem Bau nach der stalinistischen Ära eine neue Epoche mit der Rückbesinnung auf die Bauhaus-Qualität eingeleitet worden war. Sie lobte Kunsthöhe und Stil der Zeit. Der Kulturpalast gebe dem Platz eine Fassung und erlaube zugleich durch seine Großzügigkeit einen Blick nach außen. Simone Hain verwies auf die noblen schwarzen Treppen und die feinen seriellen Muster in den Fußböden. Schräggestellte Flächen machten den Reiz des Gebäudes ebenso aus wie Baustoffe, die zuvor nur in der Industrie Verwendung fanden. Die Grundfarben Schwarz und Weiß würden durch Teakholz als »Reinholer« und »Handschmeichler« ergänzt.

Die Qualität des Saals bestritt auch Roland Müssig nicht. Der Chef des städtischen Hochbauamts verwies aber, wie bereits in der Gerichtsverhandlung in Leipzig, auf die Probleme bei der Sanierung. Um den Brandschutz zu sichern und die verschlissene Haustechnik zu erneuern, müssten die Verkleidungen und das Parkett ausgebaut werden. Der Aufwand wäre kaum geringer als bei einem Neubau. Die Zeit dränge, denn aus Brandschutzgründen laufe die Betriebsgenehmigung für den Kulturpalast Ende 2012 endgültig aus. Abgesehen vom Saal werde der Kulturpalast schon längst nicht mehr als Kongressstandort genutzt. In Dresden war 2004 ein neues Kongresszentrum an der Elbe entstanden. Auch das sei ein Grund für die Umbaupläne gewesen.

Ja, der Saal im Kulturpalast sei von hoher Qualität und deshalb ohne Zweifel urheberrechtlich zu schützen. Mit dieser Einschätzung fasste Richter Martin Marx vom Oberlandesgericht das Ergebnis der Beratungen in seinem Urteil im November 2012 zusammen. Doch das Aufatmen von Kulturpalast-Architekt Wolfgang Hänsch war von kurzer Dauer, denn

Richter Marx fügte hinzu: Beim Streit zwischen Urheberrecht und Sacheigentum wögen die Interessen der Stadt als Eigentümerin schwerer und deshalb sei es zu akzeptieren, dass der Saal zerstört würde. Auch eine Anerkennung des Urheberrechts könne nicht verhindern, dass die Stadt wie geplant mit dem Umbau verfahre, entschieden die Richter.

Das Gericht, so betonte es Richter Marx, sei jedoch kein Stadtrat und nicht für politische Entscheidungen zuständig. Er setzte dennoch auf eine Einigung zwischen der Stadt und dem Architekten und warb dafür, das Werk von Wolfgang Hänsch gebührend anzuerkennen. Doch Hänsch hielt nicht viel von einer Ehrung, er kämpfte um seinen Saal. »So konnten wir leider zu keiner Einigung kommen«, erklärte später Rathaus-Sprecher Kai Schulz. Fazit: Der Saal durfte umgebaut werden.

Gelungen, aber nicht einzigartig

Zu den Gutachtern, die die Stadt Dresden um ihre Beurteilung gebeten hat, zählt Professor Falk Jaeger. Der kann das Hohelied auf den Dresdner Kulturpalast nicht teilen. In seiner gutachterlichen Stellungnahme, die eine Grundlage für die Entscheidung vor Gericht bildete, vergleicht der Architektur- und Kunsthistoriker den Kulturpalast mit anderen Bauwerken dieser Epoche sowohl in der DDR als auch im Ausland. Mit der Absicht, auf Augenhöhe in der internationalen Architektur zu agieren, greife der Entwurf für den Kulturpalast auf eine Reihe von Vorbildern zurück, lasse damals aktuelle Einflüsse deutlich werden, erläutert Jaeger. So war damals besonders die Abkehr vom Typus des Saalbaus üblich, wie ihn Gottfried Semper geprägt hatte. Der Baukörper bildete nicht mehr die einzelnen Funktionselemente nach außen ab. Stattdessen setzte sich der Typus einer universellen Box durch, in der die Nutzung frei positioniert wurde. Das wiederum gehe auf die Architekten Leslie Martin und Ludwig Mies van der Rohe zurück, wie Jaeger erinnert. Der Saal als eigenständige Form wurde gewissermaßen in die leere Hülle des Kulturpalast-Gebäudes gestellt.

Bei der Gestaltung der Hauptfront zum Altmarkt mit ihrem zurückgezogenen Erdgeschoss, der Betonplatte und den vollverglasten Hauptgeschossen wiederum lassen sich Parallelen zum Entwurf von Otto Ernst Schweizer für das Nationaltheater in Mannheim finden. Das Gesamturteil von Jaeger klingt hart: »Insgesamt kann man sagen, dass der Kulturpalast ein zeittypisches Bauwerk von mittlerem Rang ist, das in keinem Punkt wirklich innovativ und zukunftsweisend einzustufen wäre.«

Auch sein Urteil zum Saal klingt nicht besser: »Verglichen mit zeitgenössischen Lösungen gehört der Saal aus baukünstlerischer Sicht nicht zu den Höhepunkten seiner Epoche. Wohl besitzt er als Multifunktionssaal mit großer Flexibili-

Der Kulturpalast sei ein »zeittypisches Bauwerk von mittlerem Rang«, urteilt Gutachter Falk Jaeger.

tät und entsprechender technischer Ausstattung ein Alleinstellungsmerkmal.« Um den Saal multifunktional zu nutzen, mussten die Architekten eine Reihe von Kompromissen eingehen. Jaeger nennt insbesondere die extrem breite Bühne, das Kippparkett und das für den Musikbetrieb ungünstige Verhältnis von Tiefe und Breite des Saals.

In seiner unregelmäßigen, aber symmetrischen Sechseckform unterscheidet sich der Saal von dem übrigen auf Stützenrastern basierenden Gebäude. Jaeger vermisst zudem harmonische Verbindungen zwischen dem Saal und den Foyers und empfindet die jeweiligen Übergänge eher als Barrieren. Die räumliche Organisation des Saals mit Parkett und einem darüberschwebenden Rang betrachtet er als eine Standardlösung, wie sie auch in einer Reihe von Vorgängerbauten zu finden ist. Mehr noch, im Unterschied zu vielen Vergleichsbauten, in denen Parkett und Rang geschmeidig in den Raum eingepasst seien und so einen harmonischer geformten Raumkörper erzeugten, wirke der Kulturpalast wie aus Tafeln zusammengefügt, schätzt Jaeger ein. Lediglich die nach akustischen Erfordernissen gestaffelten Seitenwand- und Deckenpaneele bringen ein wenig dynamische Elemente in den Saal. »Ein Zug zu besonderer Eleganz oder Extravaganz ist nicht zu beobachten, aber auch nicht das Bestreben, etwa durch Feinheit der Profilierungen, delikate Details, ausgesuchte Materialkombinationen oder harmonische oder aparte Farbwirkungen eine vornehme oder festliche Wirkung zu erzielen.«

Jaeger verweist darauf, dass in der Denkmalbegründung des Landesamts auf den Saal nicht näher eingegangen wurde. So holt er es in seiner Einschätzung nach: Einzig die Multifunktionalität, mit der entsprechenden technischen Ausstattung, des Kippparketts und der feuersicheren »eisernen Tore« zwischen Bühnenraum und Seitenbühne seien als »wissenschaftliche Bedeutung« für den ungeschmälerten Denkmalaspekt des Saals ins Feld zu führen. Ansonsten seien Alleinstellungsmerkmale und eine eigenschöpferische künstlerische Leistung eher gering einzuschätzen. Zudem führt Jaeger aus, dass der Saal nicht mehr im Originalzustand vorzufinden sei, da er bereits wesentliche Umgestaltungen erfahren habe. Zur Verbesserung der Akustik wurden beispielsweise Decken und Wände erheblich verändert. Anders sieht es außerhalb des Saals aus.

So kommt er zu dem Ergebnis: »Die Denkmaleigenschaft des Gesamtgebäudes würde deshalb bei Verlust der Saalgestaltung nur marginal in Mitleidenschaft gezogen werden.« Sicherlich bedeute der Verzicht auf den Saal einen Verlust an Originalsubstanz. Aber eine Ertüchtigung des bauzeitlichen Saals nach heutigen Funktionsstandards und heutigen Brandschutzanforderungen würde tiefgreifende Veränderungen mit sich bringen. Im Endergebnis hätte man einen für die in Aussicht genommene Nutzung nur sehr bedingt tauglichen Saal. Die Erhaltung weniger Originalsubstanz wäre mit schmerzlichen Kompromissen erkauft, und Dresden müsste auf den ersehnten hochkarätigen Konzertsaal auf internationalem Spitzenniveau weitere Jahrzehnte warten.

Ein in den sorgsam restaurierten Kulturpalast sensibel eingefügter neu konzipierter Saal, so die Hoffnung von Falk Jaeger, verspricht den Verlust mehr als aufzuwiegen: durch ein neues, besonderes Architekturerlebnis und eine perfekte Akustik.

Klänge, Tänze, kluge Worte – Ein Buch, das nie erschienen ist

Zum 40. Jahrestag des Kulturpalastes 2009 wollte die Konzert- und Kongressgesellschaft Dresden ein Buch über den Kulturpalast herausgeben. Was lag näher, als Peter Salzmann zu beauftragen? Der Journalist und ehemalige Chefredakteur der *Dresdner Stadtrundschau* hat von Anfang das Geschehen im

Kulturpalast verfolgt. Einmal im Monat gestaltete er gemeinsam mit Wolfgang Grösel die Programmzeitung *Kulturpalast* als Beilage der *Stadtrundschau*. In all den Jahren sind fast 500 dieser Beilagen erschienen.

Salzmann besprach mit dem Auftraggeber sein Konzept, ließ es bestätigen. In 40 Jahren seines Bestehens hat es der Kulturpalast geschafft, 30 Millionen Besuchern unvergessene Erlebnisse mit Künstlern aus aller Welt zu präsentieren. Das Haus des Volkes sei zu einem Synonym für Klänge, Tänze, kluge Worte geworden. So wählte Salzmann seinen Buchtitel. Er zog sich in ein kleines Zimmer im Kulturpalast zurück und stellte zusammen, wie sich das vielfältige Leben im Kulturpalast entwickelt hat.

Es war eine Veröffentlichung in hoher Stückzahl geplant, selbst ein Vorwort der Oberbürgermeisterin Helma Orosz lag vor. Aber als Grafiker einer Agentur damit beschäftigt waren, das 125-seitige Manuskript sowie die dazugehörigen Fotos zu einem Buch zu gestalten, kam das Aus. Kulturpalast-Chef Volker Schmidtke teilte dem Autor im September 2009 mit: Das Buch wird nicht erscheinen. In einer E-Mail hatte Kulturbürgermeister Ralf Lunau zuvor festgelegt: »Das Buch wird in dieser Fassung nicht geeignet sein, das von der Landeshauptstadt Dresden geplante Vorhaben des Umbaus des Kulturpalastes zu unterstützen.« So verschwand *Klänge, Tänze, kluge Worte* in der Schublade. Da es zu jener Zeit heftige Auseinandersetzungen über den Kulturpalast-Umbau gab und Unterschriften für den Erhalt des Mehrzwecksaals gesammelt wurden, hätte das Buch den Kritikern wohl zusätzlich Munition geliefert. Inzwischen sieht es Salzmann moderat: Die Zukunft werde entscheiden, ob der Umbau des Palastes Segen oder Dilemma ist.

DIE IDEE – EIN HAUS FÜR PHILHARMONIE, BIBLIOTHEK UND KABARETT

Alles muss raus

Nachdem der Dresdner Stadtrat mehrheitlich den Umbau beschlossen hatte, erhielt Dresdens Messe-Chef Ulrich Finger 2011 auch die Verantwortung für den Kulturpalast. Er wurde so eher unfreiwillig zum Totengräber, denn seine Hauptaufgabe bestand darin, das Haus völlig geräumt für die Bauarbeiten vorzubereiten. Im Sommer 2012 ging ein Journalist der *Sächsischen Zeitung* mit Finger durch den fast verlassenen Kulturpalast, seine Eindrücke:

Der Eingang zum Kellergeschoss erinnert an einen Großraumbunker. Breite Tunnel, die Laster durchfahren könnten, an den Decken Neonröhren. Stahltüren führen in Werkstätten und Lager. In den Gängen liegen Kisten, Stahlträger, Kabel und Rohre, Bretter und Pappen. Hinter einer Tür findet Finger Schränke mit tausend verschiedenen Glühlampen aus vier Jahrzehnten und Kisten mit alten Kugellagern. Hinter den Stahltüren im Keller stehen noch Werkbänke, Schreibtische und Spinde, Kostüme oder Kulissen für das »Brückenmännchen« beispielsweise oder das Schlagerfestival »Goldener Rathausmann«. In einem der Räume hängt an einem Kleiderständer schlaff der Kopf eines Löwen, das Dresdner Wappentier aus abgetragenem Plüsch. Daneben Kisten voller Ballettschuhe, Röcke, Blusen, ein Fundus aus tausendundeiner Vorstellung zwischen Tanz- und Dixieland-Festival. Stoffballen stapeln sich in der Näherei. In der Nadel einer »Veritas« des VEB Nähmaschinenwerks Wittenberge klemmt noch ein

Die Dresdner stehen Schlange, um Teile der Festsaal-
bestuhlung zu erwerben.

Auch das übrige Inventar des Kulturpalastes wird verkauft.

Faden. Scheren stecken in Krügen, hinter den Regalen kleben an der Wand Plakate von Ute Freudenberg, Regina Thoss, Hans-Jürgen Beyer und der Stern-Combo Meißen. An den Wänden hängen Schränke, voll mit Hobeln, Feilen, Schrauben, Bohrern, Zollstöcken. Über einem Ständer klemmen drei Dutzend Schraubzwingen. Wahrscheinlich wird dort ein Stück DDR-Mentalität sichtbar, lieber alles aufzuheben als wegzuwerfen. Man wusste nie, wozu es in der Mangelwirtschaft noch zu gebrauchen ist. Die Zeit scheint auch in den Garderoben der Musiker stehengeblieben zu sein. Alle Schränke sind noch Originale aus der Eröffnungszeit des Kulturpalastes. Im ganzen Haus sieht es so aus, als wären die Mitarbeiter gerade mal kurz rausgegangen.

Zu DDR-Zeiten arbeiteten im Kulturpalast bis zu 200 Frauen und Männer. Nach 1990 wurden es immer weniger, in den 2000er Jahren waren es noch 57. Allen wurde gekündigt, betriebsbedingt. Einige haben neue Arbeitsplätze gefunden, darunter auch bei der Messe Dresden, andere gingen in den vorgezogenen Ruhestand. Die meisten wurden aber zunächst »Kunden« der Arbeitsagentur. Die meisten Mitarbeiter waren mehr als 20 Jahre im Kulturpalast beschäftigt und stolz, in diesem ersten Haus der Kultur zu arbeiten. Finger ist noch heute darüber enttäuscht, dass die Stadtverwaltung nicht eine einzige Sekretärin, einen einzigen Handwerker übernommen hat.

Finger und sein Technischer Direktor Steffen Meyer sind sich schnell einig: Statt alles wegzuschmeißen, veranstalten sie eine Art Flohmarkt. Glühlampen, Kugellager und Stoffballen finden so Abnehmer. Zur Gaudi für die Dresdner wird der Verkauf der rund 2400 Sessel aus dem Festsaal, der 800 Kongress- und 400 Bankettstühle. Ein Teil der Möbel geht an das Theater der St. Pauli-Ruine in der Dresdner Neustadt, andere finden in Gartenlauben und Clubs eine neue Verwendung. Der Erlös aus dem Ausverkauf wurde an gemeinnützige Vereine gespendet.

Die Architekten für den Umbau

Für den Umbau des Kulturpalastes hat die Stadt 2013 das Tochterunternehmen Kommunale Immobilien Dresden (KID) gegründet. Sie beauftragte Axel Walther mit der Leitung des Unternehmens, der Sanierung des Gebäudes samt Einbau eines hochwertigen Konzertsaals. Zuvor musste die Stadt aber zusätzliche Geldquellen erschließen. Sie hatte lange Zeit auf 35 Millionen Euro EU-Fördermittel gesetzt. Nun wurden zwei städtische Stiftungen als stille Geldgeber einbezogen. Bis die rechtlichen Fragen dazu geklärt waren, verging wieder Zeit. Im Frühjahr 2013 lag die Baugenehmigung vor. Ende April begannen die Handwerker mit dem Ausbau der wertvollen Innenausstattung. Diese wurde eingelagert bzw. restauriert und nach dem Umbau wieder eingebaut. Mit Ausnahme des Saals steht der gesamte Kulturpalast unter Denkmalschutz. Geschäftsführer Axel Walther setzte von Anfang an darauf, die Sanierung und Modernisierung in einzelnen Losen auszu-

Architekt Christian Hellmund im Foyer des Kulturpalastes bei der Bestandsaufnahme

schreiben, statt den Gesamtauftrag einem Großunternehmen zu übertragen.

Der Architekt Christian Hellmund spielt selbst gern Klavier und geht regelmäßig ins Konzert. Seit seinem Studium befasst er sich mit Themen wie Raumakustik in der Architektur. So ist es für ihn eine besondere Herausforderung, den Dresdner Kulturpalast um- und einen erstklassigen Konzertsaal einzubauen. Hellmund, der im Büro der Architekten von Gerkan, Marg und Partner (gmp) arbeitet und das zwölfköpfige Team für den Dresdner Kulturpalast leitet, spricht vom Implantieren des neuen Saals. Für den gebürtigen Thüringer ist das eine Art Heimspiel. Er hat in Dresden Architektur studiert und verbindet mit dieser Zeit schöne Erinnerungen. Danach setzte er sein Studium in Barcelona fort und arbeitete ein Jahr in Kopenhagen, bevor er im Berliner gmp-Büro begann. Seit 2010 befasst er sich mit dem Zustand des Kulturpalastes, dem Denkmalschutz und dem neuen Konzertsaal.

Im Jahr zuvor hatten die gmp-Architekten den Wettbewerb für die Modernisierung und den Umbau gewonnen. Die Stadt Dresden hatte das Vorhaben 2008 europaweit ausgeschrieben und mit Wettbewerbskosten und Preisgeld dafür eine halbe Million Euro ausgegeben. Zur ersten Runde hatten sich 80 Büros gemeldet, darunter zum Teil international sehr bekannte. 40 von ihnen bekamen schließlich die Unterlagen für das zweistufige Wettbewerbsverfahren zugeschickt. 35 wurden per Los ermittelt, fünf von der Stadt bestimmt. 28 von ihnen reichten ihre Pläne ein. Im April 2009 wurden schließlich sieben Büros um Präzisierung gebeten.

Im Juni 2009 tagte das Preisgericht unter dem Vorsitz des Hamburger Architekturprofessors Jörg Friedrich. Die Arbeit des Architekturbüros gmp in Berlin unter Leitung von Stephan Schütz überzeugte die Juroren am stärksten. Neben spektakulären Projekten wie dem Berliner Hauptbahnhof, der Neuen Messe Leipzig und dem Hamburger Flughafen können die Planer auf Kulturbauten wie die Weimarhalle, die Musik- und Kongresshalle Lübeck und das Grand Theater in Chongqing in China verweisen. Der Juryvorsitzende Friedrich schätzte damals ein, dass gmp eine gute Bilanz zwischen Funktionalität, Ästhetik, neuer Bausubstanz und Denkmalschutz gelungen sei. Die Grundidee für den Konzertsaal mit 1800 bis 1900 Plätzen beruhe auf dem Konzept der »tektonischen Schollen«, die Besucherterrassen und Saalwände gliedern, hieß es in der Begründung. Rigips-Elemente sorgten für ein perfektes Klangbild. Den zweiten Platz belegte das Büro HPP Hentrich–Petschnigg & Partner in Leipzig und den dritten Caruso e Torricella Architetti aus Mailand.

Hellmund ist überzeugt: Der Kulturpalast war nach über 40-jähriger Nutzung verschlissen. Er hat Fotos, auf denen der Beton zerbröselt und der Bewehrungsstahl herausragt. Deshalb kann der Architekt die Argumente der Umbaugegner nur schwer nachvollziehen. »Ich habe das Gebäude als durchaus ambitionierten Bau kennengelernt. Aber an vielen Stellen wurden sichtbare Mängel aus der Bauzeit dokumentiert. Das Gebäude musste grundlegend saniert werden.« Zu den Baumängeln zählen eine aus statischer Sicht ungenügend tragfähige Unterkonstruktion in den Saalrängen sowie Spalten und Fugen in der Außenhaut. Diese hatten zur Folge, dass der Kulturpalast einen gigantischen Energiebedarf hatte. Aus heutiger Sicht erweisen sich auch die Holzunterkonstruktion der Kupferhaube, die fehlenden Unterkonstruktionen der Wandbekleidungen und das Trümmermauerwerk als abenteuerlich.

Außerdem haben zahlreiche Veränderungen dem Haus nicht gutgetan. Das architektonische Konzept wurde mit dem Einbau der Ticketzentrale und der Tourist-Information zerstört. Gut erinnert sich Hellmund an ein Gespräch mit dem Kulturpalast-Architekten Wolfgang Hänsch. Dieser hatte das Einsetzen der getönten Glasscheiben für eine fürchterliche Bausünde gehalten. Im umgebauten Kulturpalast gibt es nun wieder Glasscheiben, so dass das Gebäude wie einst zur Entstehungszeit transparent wirkt.

Schätze werden gesichert

Bis auf den Konzertsaal, so die Vorgabe, soll der Kulturpalast möglichst im Original erhalten bleiben. Von Anfang an haben die Denkmalschützer mit den Architekten um jedes Detail gerungen. Es ging nur im Miteinander, so konnten die Fassadenteile erhalten und die Gipsdecken in den Foyers wieder in ursprünglicher Form rekonstruiert werden, erläutert Petra Eggert von der städtischen Denkmalschutzbehörde, die das Projekt mehr als acht Jahre lang begleitete. Zudem wurden beispielsweise Holzbekleidungen aus wertvollem Makassar-Ebenholz, aus Teakholz und Goldrüster sowie Marmorwände geborgen, um zum Ende der Sanierung wieder eingebaut zu werden. Im einstigen Restaurant bauen Handwerker die 220 Quadratmeter große Kranichdecke aus. Diese kommt im Lesesaal der Städtischen Bibliotheken zu neuen Ehren.

Zu den architektonischen Besonderheiten im Haus zählt die Hellerauer Wand im Orchesterprobensaal. Das Holzkunstwerk mit dem Goldrüsterfurnier sichert eine gute Akustik und verbirgt zudem die gesamte Technik. In dem Raum hängen an der Decke etwa 130 kleine »Zuckertüten«. Diese Stoffkegel sind mit absorbierenden Schaumstoffelementen gefüllt und nehmen den Schall auf. Wie die Wand finden auch sie im späteren Chorprobensaal wieder Verwendung. Beim Wandfries »Unser sozialistisches Leben« der Künstler Heinz Drache und Walter Rehn im Oberschoss müssen vor den Bauarbeiten die 38 Einzeltafeln ausgebaut und restauriert werden. Einfacher ist es mit dem Mosaik »Der Weg der roten Fahne« von Gerhard Bondzin an der Schloßstraße. Das musste nur gesäubert, lockere Platten mussten befestigt werden. Für die Sanierung ausgebaut wurden die fünf großen Bronzetüren am Eingang, geschaffen von dem Künstler Gerd Jaeger. Auch an der Seite zur Schloßstraße gab es einst wertvolle Türen. Diese wurden aber offensichtlich bei Umbaumaßnahmen 2006 vernichtet.

Auf der Suche nach der ursprünglichen Farbe

Vor dem Umbau ließen gmp-Architekt Christian Hellmund und KID-Chef Axel Walther alle unter Denkmalschutz stehenden Gebäudebereiche und Einrichtungsteile im Kulturpalast dokumentieren und untersuchen. In einem 67-seitigen Bericht legte zuvor der Restaurator Wilfried Sitte seine Untersuchungsergebnisse vor. Diese dienten als Grundlage zur Abstimmung mit dem Landesamt für Denkmalpflege und der städtischen Denkmalbehörde. Mit Untersuchungen zur Farbigkeit im Kulturpalast und seiner äußeren Bauteile war die Restauratorin Sandra Eva Risz beauftragt. Im Laufe der Jahrzehnte gab es zahlreiche Veränderungen, wurden die Wände mehrmals neu gestrichen, die Teppichböden ausgetauscht. In einem hellen Gelbton waren ursprünglich die Wände in den Foyers sowie die Decken der Schmetterlingstreppenhäuser gemalt, so das Ergebnis der Untersuchungen nach noch vorhandenen Farbresten sowie des Studiums der Bauakten. Die saalseitigen Wände waren mit einem stark strukturierten Putz in weißen Tönen versehen.

Über jenen Putz haben Bauherren, Architekten und Denkmalschützer lange miteinander diskutiert. Aufgrund früherer Arbeiten und dem Verlegen von Leitungen konnte der Putz nicht in seiner ursprünglichen Form erhalten bleiben. Deshalb stand die Frage im Raum, ob er durch einen modernen glatten Putz ersetzt werden sollte. Am Ende fiel die Entscheidung: Es kommt wieder Strukturputz an die Wände. An wenigen Stellen bleibt zudem der Originalputz sichtbar. Die mit dem Kulturpalast im Allgemeinen verbundene weiße Farbig-

OBEN: Die »Zuckertüten« an der Decke des Orchesterprobensaals bleiben erhalten.   **UNTEN:** Architekt Christian Hellmund erläutert das Besondere der Hellerauer Wand im Orchesterprobensaal.

Die markante Kranichdecke wird künftig den Lesesaal
der Bibliothek schmücken.

keit von Decken, Wänden und Fassaden ist wohl ursprünglich differenzierter gewesen: Gelb- und Grüntöne haben die roten Teppiche ergänzt.

Bei den Verankerungen der Stäbe an den Geländern fand Risz Störungen in der Pulverbeschichtung. Das könne als Hinweis für den Austausch der Stäbe angesehen werden, hielt sie im Gutachten fest. In der Tat wurden die Stäbe, auch Spannseile genannt, aus rostfreiem Federstahl schon 1970 ausgetauscht und von 2,8 Millimeter auf 5 Millimeter verstärkt. Das bestätigt Stefan Ritter, der damalige Technische Direktor. Die Stäbe seien gerissen, deshalb mussten sie noch als eine Garantieleistung ausgetauscht werden.

Zu den Besonderheiten im Kulturpalast gehört die sogenannte Kranichdecke im einstigen Restaurant, die samt der dazugehörigen Lampen aufgearbeitet wurde. Die Helligkeit im Kulturpalast hatte ihren Preis: Die zahlreichen Lampen an den sogenannten Moki-Decken waren mit verspiegelten 100-Watt-Glühbirnen versehen. Die Leuchten in den Treppenhäusern, aber auch in der Kranichdecke waren gar mit 150-Watt-Lampen ausgestattet.

Für die Standaschenbecher findet sich im jetzigen Nichtraucherhaus keine Verwendung mehr. Anders sieht es mit dem Wandbild von Heinz Drache im ersten Obergeschoss aus, das nach der Restaurierung wieder eingebaut wurde. Abgebaut und eingelagert wurden auch die rötlichen Granitplatten, die das Sockelgeschoss vom Kulturpalast von außen zieren. Allerdings erwies sich der Einbau der Platten komplizierter als gedacht, erklärt KID-Projektleiter Thomas Puls. Da andere Vorschriften als zu DDR-Zeiten gelten, musste jede Platte auf ihre Stabilität überprüft werden. Glücklicherweise war jedoch der Steinbruch in der Ukraine noch aktiv, aus dem schon Ende der 1960er Jahre die Platten gekauft worden waren. Damit war der Nachschub gesichert.

Streit um den Lärmschutz: Fenster, die nicht geöffnet werden dürfen

Ein böses Erwachen gab es für die Investoren, die am Neumarkt unmittelbar hinter dem Kulturpalast ihre Quartiere errichten wollten. So fand Investor Michael Kimmerle vom Kimmerle-Unternehmen für seinen Jüdenhof die Verpflichtung, mit Ausnahme der Innenbereiche Fenster zu errichten, die nicht zu öffnen sind. Ähnlich betroffen waren die beiden Investorengruppen rechts und links vom Jüdenhof. Mit dieser »Festverglasung«, wie das im Beamtendeutsch heißt, sollen Hotelgäste und Wohnungsnutzer vor Lärm geschützt werden, der entsteht, wenn nach den Konzerten im Kulturpalast zu nächtlicher Stunde die Konzerttechnik verladen und abtransportiert wird. Die Stadt fühlt sich im Recht, schließlich habe der Kulturpalast Bestandsschutz. Sie lehnt es ab, für einen zusätzlichen Lärmschutz am Kulturpalast zu sorgen.

Damit wollte sich besonders die Firma Baywobau, die das Grundstück zwischen dem Jüdenhof und der Schloßstraße bebauen wird, nicht abfinden. Der Dresdner Geschäftsführer

Die Rückseite des Kulturpalastes

Berndt Dietze suchte die Zusammenarbeit mit den zuständigen gmp-Architekten sowie dem Denkmalschutz. Architekt Christian Hellmund hat daraufhin vier Varianten für eine sogenannte Einhausung entworfen, Akustikgutachter überprüften diese. Schließlich fiel in Absprache mit der Stadt die Entscheidung für ein »Herausziehen« der Balkonbrüstung. Ähnlich wie an der Vorderseite des Kulturpalastes wird auch an der Rückseite die Brüstung erweitert. Damit entsteht eine Überdachung der Anlieferzone, unter der in einer Einhausung ein Truck nachts lärmgemindert beladen werden kann. Am Ende waren sich alle Beteiligten einig, eine akzeptable Lösung gefunden zu haben.

Laute Töne von Caruso

Der eigentliche Baustart erfolgte im Oktober 2013 mit dem Abriss im Inneren des Kulturpalastes. Den Auftrag dazu hatte der Caruso Umweltservice aus Großpösna bei Leipzig erhalten. Beim Namen Caruso denken viele an den berühmten italienischen Opernsänger. Doch statt wohlgefälliger Töne gab es im Kulturpalast Krach und Dreck. Dagmar Caruso heißt die Chefin der 1990 gegründeten Firma. Begonnen hat das Unternehmen mit dem Ausbau von Trennwänden, Zwischendecken und Verkleidungen in den Foyers, Konferenzräumen, dem Restaurant und den Backstage-Bereichen. Zuvor hat Caruso bereits den kompletten Bühnenboden mit dem berühmten Kippparkett sowie die gesamte Bühnentechnik ausgebaut.

Die KID hat den Abbruch, den Rohbau, den Stahlbau sowie Stahlbetonarbeiten an die Otto Heil Hoch-, Tief-, Ingenieurbau und Umwelttechnik als Generalunternehmer übertragen. Diese Firma hatte bei der Ausschreibung das beste Angebot unterbreitet, erklärte KID-Chef Axel Walther. Das 1907 gegründete, familiengeführte Bauunternehmen hat seinen Sitz in Bad Kissingen. Seit 1991 ist es zudem in Taucha bei Leipzig an-

OBEN: Der Festsaal ist fast vollständig zerlegt.
UNTEN: Der neue Konzertsaal entsteht.

sässig. Mit dem Umbau des Kulturpalastes war Oberbauleiter Michael Schunter beauftragt.

Als Subunternehmer von Otto Heil wiederum übernahm Caruso im Frühjahr 2015 den Betonabbruch. Schon einen Monat später hatten die Abbruchleute ganze Arbeit geleistet. Die einstige Schönheit des Saals ließ sich zu dieser Zeit schon nicht einmal mehr erahnen. Zeitweise waren 40 bis 50 Mitarbeiter im Einsatz, denn der Abbruch war im Kulturpalast »Feinarbeit«, wie es Caruso-Prokurist Klaus Weigel nannte. Im Vergleich zu anderen Bauwerken aus dieser Epoche gab es im Kulturpalast verhältnismäßig wenig Asbest. Allerdings musste reichlich Mineralwolle beseitigt werden. Zum Schutz trugen die Mitarbeiter Ganzkörperanzüge und Masken vor dem Mund. Mit ihren Presslufthämmern und Betonzangen zerbröselten sie Teile der einstigen Stufenpodeste in den Zuschauerrängen. Die kleinen Baggerschaufeln vom Bobcat, wie die Kleinlader heißen, nahmen den Schutt auf. Caruso arbeitete auch mit den schwedischen Abbruchrobotern Brokk auf der Baustelle. Gespenstisch wirkte es, wenn die Funken der Trennschleifer flogen. Nicht nur Metallgeländer wurden zerkleinert, sondern auch die Deckenaufhänger durchgeschnitten. Damit stürzten die Deckenteile in den Saal. Am Ende haben die Caruso-Leute rund 5000 Tonnen Stahlbeton im Kulturpalast abgebrochen. Das sind etwa 200 Lkw-Ladungen voll. Belastete Teile entsorgten sie in weißen Säcken als Sondermüll, die große Masse des Abfalls fiel in Container unter der Hebebühne an der Rückseite zum Neumarkt.

Nach dem Abriss fürchteten die Bauleute ein Hochwasser. Schließlich war der Kulturpalast plötzlich viel leichter geworden, und so hätte es Probleme mit dem Auftrieb gegeben. Deshalb verfolgten sie den Grundwasserstand genau. Im Notfall hätte der Kulturpalast geflutet werden müssen, erklärt Projektleiter Thomas Puls. Doch die Elbe hatte ein Einsehen. Das war 2002 anders gewesen. Damals stand das Wasser 40 Zentimeter hoch im Kellergeschoss. Dort wiederum standen auch die meisten technischen Anlagen. Die Feuerwehr pumpte die ganze Zeit Wasser ab und verhinderte so, dass die Mittelspannungs- und andere technische Anlagen total ausfielen. Dennoch hatte der Kulturpalast einen Schaden von 200.000 Euro erlitten und war zwei Monate lang nicht betriebsfähig, wie sich Steffen Meyer erinnert. Aus statischen Gründen wurde damals das Wannengeschoss geflutet.

Die Brunnen vor dem Palast

Mit Abschluss der Sanierung des Kulturpalastes im Frühjahr 2017 soll auch der Vorplatz nach historischem Vorbild mit den drei Brunnenbecken und den großen Fahnenmasten gestaltet sein. Die Wasserspiele wurden 2010 bei der Erneuerung der Wilsdruffer Straße abgebaut und eingelagert. Für die Freiflächengestaltung gibt die Stadt insgesamt drei Millionen Euro aus, so hat es der Stadtrat beschlossen. Für den Bau der Wasserbecken sind 380.000 Euro erforderlich. Der spätere Betrieb der Brunnen und die Pflege der Freiflächen kosten jährlich 80.000 Euro. Die Konzertbesucher können die Tiefgarage unter dem Altmarkt nutzen. Diese wurde im Herbst 2008 eröffnet und bietet Platz für rund 450 Autos. Bereits 2010 war ein Tunnel zwischen Tiefgarage und Kulturpalast errichtet worden. Nun gibt es eine direkte Verbindung, und so können die Besucher trockenen Fußes zum Konzert oder in die Bibliothek gelangen. An der Galeriestraße ist Platz für 25 bis 30 Taxis. Radfahrer finden gegenüber an der Schloßstraße fast hundert Fahrradbügel vor.

Die Wasserspiele vor dem Kulturpalast, hier 1972, werden wieder sprudeln.

DER WIEDER-AUFBAU – NEUES LEBEN IM KULTUR-PALAST

Ein weinbergförmiger Konzertsaal

Ende Mai 2015 konnte KID-Chef Axel Walther Architekten und Bauleute zum Richtfest einladen: Die Rohbauleistungen waren zu dieser Zeit weitgehend abgeschlossen. Die Dresdner Philharmoniker unter Leitung ihres Chefdirigenten Michael Sanderling präsentierten Auszüge aus *Die Planeten* von Gustav Holst. Es sei für alle eine große Herausforderung, den seit 2008 unter Denkmalschutz stehenden Kulturpalast so umzubauen, dass er Baudenkmal bleibe und zugleich modernen Konzertanforderungen entspreche, erklärte Dresdens Oberbürgermeister Dirk Hilbert. Auf gemeinsamen Knopfdruck von Dirk Hilbert, Axel Walther, gmp-Architekt Stephan

Bauherr Axel Walther hat zum Richtfest geladen ...

... und die Philharmonie Dresden spielt auf.

Schütz, Frauke Roth und Wolfgang Schaller, den Intendanten
von Dresdner Philharmonie und Herkuleskeule, sowie dem
Direktor der Städtischen Bibliotheken Dresden, Professor
Arend Flemming, wurde die Richtkrone heraufgezogen – un-
gewöhnlich im Saal.

Der Konzertsaal für 1785 Besucher ist das Herzstück des
neuen Kulturpalastes. Die Bühne mit den Musikern steht im
Zentrum, das Publikum rückt nahe an das Podium heran. Die
völlig unregelmäßigen Formen des Saals sind ebenso wie die
differenzierten Strukturen an Decke und Wänden den Anforderungen an die Akustik geschuldet. Das Podium selbst
besitzt mobile, elektrisch steuerbare Hubpodeste, mit denen
verschiedene Veranstaltungsformen in kurzer Zeit eingerichtet werden können.

Bühnentechnik aus Dresden

Für die gesamte Bühnentechnik zeichnet die Firma SBS Bühnentechnik verantwortlich. Deren Geschäftsführer Manfred
Freimüller ist seinen Kunden am liebsten ein Leben lang treu.
So war es ihm wichtig, beim Umbau des Kulturpalastes dabei
zu sein, auch wenn es ihn traurig stimmt, dass die von SBS

jahrzehntelang gewartete und immer wieder modernisierte Bühnentechnik und das Kippparkett verschwunden sind.

Im umgebauten Kulturpalast hat SBS eine neue Podienanlage geschaffen. Dabei arbeitete SBS-Projektmanager Gunter Weigelt in enger Abstimmung mit dem Büro Theapro und dessen Planer Jörg Lilleike. Um eine feste Bühne mit einer Größe von 75 Quadratmeter schmiegen sich halbkreisförmig zehn einzelne Plattformen an. Sie sind mit dem gleichen Holz ausgestattet wie das übrige Parkett im Konzertsaal. Die Podien sind zwischen 8 und 37 Quadratmeter groß; befinden sie sich alle auf einem Niveau, bilden sie eine Fläche von 125 Quadratmeter. Die einzelnen Flächen der Stufenbühne werden über ein Schubkettensystem gehoben oder gesenkt. Sie lassen sich zwischen 0,5 und 1,25 Meter hochfahren. So entsteht eine abgestufte Struktur, entsprechend den Anforderungen der jeweiligen Konzertaufführung, erläutert Weigelt. Ein unter der Podienanlage befindliches Lüftungssystem soll sichern, dass sich die Musiker wohlfühlen. »Costaco« heißt die von SBS entwickelte Computersteuerung, mit der die gesamte bühnentechnische Anlage bewegt wird und eine Höhenabweichung der einzelnen Podien von höchstens einem Millimeter garantiert. Ein Notenständer darf niemals umfallen. Auf der ersten Stufe etwa nehmen die Holzbläser und Streicher Platz, das Podium dahinter bietet Raum für Posaunen, die Schlagzeuger sitzen ganz oben. Die Podienstruktur wurde in enger Abstimmung mit den Architekten und der Dresdner Philharmonie entwickelt. Eine ähnliche Technik hat das weltweit tätige Unternehmen kürzlich beim Mariinskj Theater in St. Petersburg und Konzertsälen in Kopenhagen und Aalborg eingebaut. Zwei Großprojekte auf einmal in der eigenen Stadt, das ist für Freimüller etwas ganz Besonderes: SBS hat auch den Einbau der Bühnentechnik für die Staatsoperette Dresden und das Theater Junge Generation im Kraftwerk Mitte übernommen.

Doch zurück zum Kulturpalast. 80 Tonnen Stahl hat SBS

dort auf dem Schnürboden in der Obermaschinerie über dem Konzertsaal und an den Wänden verbaut. Was für den Laien wie ein Gewirr aus Stahlseilen, Rollenböcken, Winden und Schienenanlage mit Drehtellern wirkt, ist ein hochkomplexes System. Es ermöglicht, dass die benötigte Beleuchtung, Elektroakustik und Dekoration genau dort im Saal platziert werden können, wo es die Veranstalter wünschen. Nur sehen soll man davon nichts, erklärt Weigelt. Außerdem haben die eingebauten Deckensegel und -klappen eine sicherheitstechnische Funktion: Im Brandfall müssen sie zur Entrauchung des Saals geöffnet werden. Dafür erfüllen diese Komponenten einschließlich Elektroinstallation und Ansteuerung strenge brandschutztechnische Vorschriften. Weil neben der Sicherheit die Saalakustik absolute Priorität hat, wurden die mehr als hundert Deckenöffnungen, durch die Stahlseile und Kettenzüge der Bühnentechnik in den Saal abgelassen werden können, mit speziellen, von Akustikern vorgegebenen schallschluckenden Tüllen versehen. Die Einlassöffnungen dieser Tüllen, die auch die empfindliche Decke schützen sol-

Über Stahlseile und Kettenzüge wird die Technik unter dem Dach in den Saal herabgelassen.

len, mussten den hohen Anforderungen der gmp-Architektin Annette Löber genügen und eine Einheit mit dem Design der Decke bilden.

Hinter einer Deckenklappe verschwindet auch die 12 mal 15 Meter große Leinwand, wenn sie nicht benötigt wird. Die Klappen für das mehr als 500 Kilogramm schwere Gerät wurden haargenau in die Deckenstruktur integriert. Ähnliches gilt für den Lautsprecherturm, der für Durchsagen beispielsweise bei einem Brand benötigt wird. Im Normalfall muss er unsichtbar sein, denn sonst könnte er den falschen Eindruck erwecken, das Orchester arbeite mit einer Verstärkung. Mit verschiedenen Deckensegeln, sogenannten Canopies, lässt sich die Akustik fein nachjustieren.

Auf den guten Klang kommt es an

Der neue Konzertsaal ist in erster Linie auf die Bedürfnisse der klassischen Musik ausgerichtet. Den Auftrag, für einen vollendeten Ton zu sorgen, hat die Firma Peutz Consult erhalten, ein staatlich anerkannter Sachverständiger für Schall- und Wärmeschutz.

Die langjährige Zusammenarbeit mit dem Architekturbüro gmp hat sich auch beim Dresdner Kulturpalast bewährt. Auf der Basis der architektonischen Entwürfe ließ Peutz ein Modell im Maßstab 1:10 anfertigen. Das Modell mit den Maßen 4,6 mal 4,7 mal 2,35 Meter wurde zum Stadtfest 2015 öffentlich gezeigt und war auch während der Bauzeit hinter einer Glasscheibe am Zaun zu sehen.

Anhand des Modells hatten zuvor Peutz Consult und gmp-Architekten zwei Jahre lang in der holländischen Stadt Mook am Akustikdesign gefeilt, damit sich der Saal mit den Besten seiner Art weltweit messen kann. Peutz verlässt sich dabei nicht nur auf die eigenen Erfahrungen, sondern arbeitet mit verschiedenen Laboren zusammen, um beispielsweise die

Das Akustikmodell und sein Erbauer, Tars van den Broek

Qualität verschiedener Materialien zu überprüfen, erklärt
Akustikspezialistin Margriet Lautenbach von Peutz. Am Ende
führten die Planungen dazu, dass der Saal etwas höher wurde
als ursprünglich von den Architekten kalkuliert. Damit verfügt er über ein größeres Luftvolumen. Heutigen Hörgewohnheiten entsprechend gibt es Nachhallzeiten von 2,5 bis 2,6 Sekunden, das sind 0,2 bis 0,4 Sekunden mehr als noch vor zehn
Jahren üblich. Vor dem Bau sind Architekten, Akustiker, Bauherren und Spezialisten der Dresdner Philharmonie zu den
verschiedensten Sälen Europas gereist.

Für die letzte Feinplanung wurde eine fünf Meter lange
Musterachse in Originalgröße geschaffen. An ihr lassen sich
die Struktur der Gipswände, Faltung der Decke, indirekte Beleuchtung sowie Parkett und Wandverkleidung aus Roteiche
gut erkennen. Die Stühle für den Konzertsaal wurden extra
entworfen, sagt Architekt Hellmund. Dabei arbeiteten die
Planer mit verschiedenen Firmen zusammen. Am Ende fiel
die Entscheidung für das Angebot des Raumausstatters Mester & Siekmann aus dem nordrhein-westfälischen Enger.

Der Saal wird von oben gebaut

Für den Wiederaufbau des Konzertsaals und den Bau der Spielstätte der Herkuleskeule hat Kommunale Immobilien Dresden die Lindner Group beauftragt. Das 1965 von Hans Lindner gegründete Unternehmen im bayerischen Arnstorf zählt zu den führenden Spezialisten in den Bereichen Innenausbau, Fassadenbau und Isoliertechnik in Europa.

Beim Kulturpalast in Dresden ist Oberbauleiter Torsten Horst für den Saalinnenausbau zuständig. Vor dem eigentlichen Saalbau war es erforderlich, die Stahlkonstruktion unter dem markanten Kupferdach des Kulturpalastes zu ertüchtigen. Die Firma Otto Heil hatte eine Technologie vorgeschlagen, bei der das Dach ungeöffnet bleiben konnte. Die riesigen Mengen an Baumaterial wurden durch Fassadenöffnungen an der Nord- und Südseite transportiert. Die Stahlträger im Schnürboden wurden aufgearbeitet und statisch verstärkt, um die größere Last des neuen Konzertsaals halten zu können, erläuterte Oberbauleiter Michael Schunter. An der hellgrauen Farbe lassen sich die historischen Teile gut erkennen. Zusätzlich eingebaute Träger und Schienen wurden schwarz gestrichen. An der historischen Stahlkonstruktion hängt eine Gitterrostebene, auf der sich die Veranstaltungstechniker bewegen. Von dieser Ebene aus können sie auch in der Akustikdecke integrierte Beleuchtung auswechseln. Oberhalb des Konzertsaals befindet sich der Rauchabzug.

Der Brandschutz war ein kniffliges Problem. Zu DDR-Zeiten war kein Feuerwiderstand für die Stahlträger üblich. Diese ließen sich nicht nachrüsten, auch der Einsatz von Sprinkleranlagen erwies sich als ungeeignet. So suchten die Brandschutzexperten nach einer ungewöhnlichen Lösung. Bei Gefahr können fast 300 000 Kubikmeter Luft pro Stunde, die etwa zwölffache Luftmenge des Konzertsaals, zirkulieren. Das

Blick auf die fast fertige Decke im Konzertsaal

wiederum führt zu einer Abkühlung. Tests der Brandschutz-
spezialisten mit einem Feuer auf der Bühne haben ergeben,
dass auf diese Weise die Temperatur auch nach 40 bis 50 Mi-
nuten noch unter 300 Grad bleibt und damit die Standfestig-
keit der Träger nicht gefährdet ist.

Vom einstigen Mehrzwecksaal sind nur noch die Umfas-
sungsmauern aus Beton erkennbar. An diesen wurde die Stahlkonstruktion, gewissermaßen das Skelett des neuen Saals,
verankert. Der eigentliche Konzertsaal ist von oben nach unten entstanden. Damit dies möglich ist, hat Lindner Gerüstbau
zunächst eine Gerüstkonstruktion in dem 22 000 Kubikmeter
fassenden Raum geschaffen. Sie besteht aus 2000 laufenden
Metern Schwerlastgitterträgern, 5000 Metern Gerüstrohr und
5000 Kupplungen. Für den Einbau der Akustikdecke war zudem eine etwa 1500 Quadratmeter große Gerüstplattform mit
einem Gewicht von circa 150 Tonnen erforderlich.

Mit Hilfe dieser Technologie wurden die zumeist dreiecki-
gen Akustikelemente an der Decke angebracht. Die einzelnen
Elemente wurden in Werkstätten vorgefertigt und dann wie
ein 3D-Puzzle zusammengefügt. Zwischen den Dreieckteilen
gibt es senkrechte Akustikschotts, die nachträglich bei der

akustischen Feinabstimmung des Saals vom Deckenhohl-
raum einjustiert werden können. Nachdem bis Pfingsten 2016
die Deckenkonstruktion geschaffen war, ging es an die Gestaltung der Seitenwände. Zum Jahresende 2016 sind die meisten
Arbeiten im Saal beendet und die Orgel kann eingebaut werden. Diese war aus Kostengründen ursprünglich nicht geplant. Beharrlichkeit führte jedoch zum Ziel.

Förderverein Dresdner Philharmonie
sammelt für eine Orgel

Lutz Kittelmann erhielt am 24. Dezember 2015 überraschende
Post: Ein Unternehmer schickte dem Förderverein der Dresdner Philharmonie eine Spende über 7.500 Euro für die Orgel
im künftigen Konzertsaal. Zwei Tage zuvor hatte ein Kassen-
sturz ergeben, dass noch ein paar hundert Euro an der magi-
schen Zahl von einer Million fehlten. Jene Million Euro wollte
Kittelmann als Geschäftsführer und Motor des Fördervereins
an Spenden zusammentragen. Dabei nimmt sein Verein das
Sprichwort »alle Register ziehen« wörtlich. Den vollen Klang
einer Orgel erreicht ein Organist nur dann, wenn er die Orgelpfeifen gleicher Klangfarbe, aber unterschiedlicher Ton-
höhe zugleich spielt – eben »alle Register« zieht. Um eine Orgel geht es schließlich auch Kittelmann.

1994 hatte er den Förderverein gegründet. Schon im Proto-
koll der ersten Sitzung wurde ein neuer Konzertsaal als Haupt-
ziel genannt. Jahrelang setzte sich der Verein dafür ein. Aber
als der Stadtrat im Oktober 2010 den Umbau des Kulturpalastes und den Einbau eines neuen Konzertsaals beschloss, war
die Freude dennoch nur von kurzer Dauer. Die Hochglanzbil-
der zeigten zwar eine Orgel, geplant war diese jedoch nicht.
Das Geld dafür war nicht da.

Dabei hatte der Kulturpalast einst eine Orgel gehabt. Diese
war von dem Dresdner Traditionsunternehmen Jehmlich ge-

schaffen und 1970 eingeweiht worden. Das Instrument verfügt über 24 klingende Register auf zwei Manualen und Pedal, Jalousieschweller, Koppeln sowie vier freie Kombinationen bei mechanischer Traktur und elektrischer Registratur. Für den Festsaal musste die Orgel besondere Anforderungen erfüllen, fahrbar sein und durch die 1,50 Meter breiten drehbaren Gassentüren zur Bühne gefahren werden. Damit wiederum erwies sich die Orgel als ungeeignet für den neuen Konzertsaal. Die Stadt schrieb 2011 die Orgel zum Verkauf aus. Die Nachfrage war nicht groß, auch weil Ab- und Wiederanbau der Orgel, Anpassung des Klangcharakters an den neuen Ort etc. bei weitem kostspieliger als der eigentliche Erwerb sind. So erhielt der einzige Bewerber, die Kirchengemeinde St. Maria Friedenskönigin in Cottbus, für 7.000 Euro den Zuschlag.

In Dresden redete sich Lutz Kittelmann den Mund fusselig, versuchte die Stadt von der Notwendigkeit einer neuen Konzertorgel zu überzeugen, nur so könne der Konzertsaal

Die alte Orgel erklingt nun in der Propsteikirche St. Maria Friedenskönigin in Cottbus.

mit den anerkannt Besten seiner Art in der Welt konkurrieren. Als das alles nichts half, entschied sich der Förderverein, die Sache selbst in die Hand zu nehmen. Er wurde Bauherr mit allen Verpflichtungen wie Konzeption, Planung, Finanzierung und Durchführung des Baus einer Orgel für den Konzertsaal. Nach Beratung mit vier international renommierten und erfahrenen Orgelsachverständigen legte der Verein die Kosten auf 1,3 Millionen Euro fest. Die damalige Oberbürgermeisterin Helma Orosz sicherte 300.000 Euro aus der Stadtkasse zu, wenn der Verein eine Million Euro zusammentragen würde. Diesem Vorschlag stimmte der Stadtrat im April 2012 zu.

Im Mai desselben Jahres begann das Spendensammeln. Helma Orosz übernahm dafür die Patenschaft. Um möglichst viele Menschen mit der Konzertorgel zu verbinden, habe der Förderverein Patenschaften für die Orgelpfeifen ins Leben gerufen, erzählt Kittelmann. Je nach Geldbeutel konnte sich jeder seine Lieblingspfeife aussuchen und für 50, 100, 250, 500, 1.000 und 2.000 Euro Pate werden. Bei 4000 Pfeifen ist die Auswahl groß. So konnte der Förderverein bis Ende 2015 für rund 100.000 Euro Patenschaften vereinbaren. Auch die Stühle im Konzertsaal boten sich fürs Spendensammeln an. 1.000 Euro kostet die Patenschaft für einen im Parkett, 750 Euro im ersten und 500 Euro im zweiten Rang. Ein Messingschild am Stuhl mit dem Namen des Paten erinnert an die Spende. So kamen rund 150.000 Euro zusammen.

Einen richtigen Batzen Geld erhielt der Förderverein von der in Dresden bekannten Bankiersfamilie Arnhold. Der Geheime Kommerzienrat und Konsul Georg Arnhold war von 1915 bis 1923 Schatzmeister der »Gesellschaft zur Förderung des Philharmonischen Orchesters«. Für den wiedergegründeten Förderverein der Dresdner Philharmonie konnte Kittelmann dessen Enkel George Gerard Arnhold gewinnen. Bis zu dessen Tod 2010 war dieser Präsident des Vereins und etwa zweimal im Jahr bei der Philharmonie zu Gast gewesen. Um

George Gerard Arnhold zu ehren, hatten Kittelmann und dessen in Spanien lebender Sohn Anthony Arnhold ein Gedenkkonzert im Kulturpalast und ein exklusives Konzert im Schloss Albrechtsberg organisiert. Aus aller Welt waren dazu 150 Mitglieder der Familie Arnhold angereist. Als Dank für die Einladung nach Dresden und die Gedenkkonzerte spendeten die Familie und engste Freunde insgesamt 450.000 Euro für die Orgel im Kulturpalast. Die meisten von ihnen haben sich den Termin zur Einweihung im September 2017 in den Kalender geschrieben.

Mit vielen, teils ungewöhnlichen Aktionen, sammelte der Verein weitere 400.000 Euro. Zuweilen kam auch unerwartete Hilfe. So dirigierte Peter Schreier in der bis auf den letzten Platz besetzten Kreuzkirche ein Benefizkonzert. Die Dresdner Philharmonie bestritt zwei Benefizkonzerte und auch die Dresdner Kapellsolisten schlossen sich mit einem Konzert für die Orgel an. »Wer wirklich alle Register zieht, für die Sache brennt und andere ansteckt, sich auch durch Rückschläge nicht entmutigen lässt und dranbleibt, der kann getrost darauf vertrauen, dass hin und wieder ein Quäntchen Glück hinzukommt. Das war bei uns so und das ist immer so«, sagt Lutz Kittelmann.

So sieht die neue Orgel in der Visualisierung der Kulturpalast-Architekten aus.

Die neue Orgel wird von der 1872 gegründeten Firma Hermann Eule Orgelbau gebaut. Bereits bei einer internationalen Ausschreibung im November 2011 hatte sich das Unternehmen aus Bautzen durchgesetzt. Im Mai 2015 wurden die Verträge offiziell besiegelt. Wenn im neuen Konzertsaal Ende 2016 die Bauarbeiten abgeschlossen sind und nur noch die Stühle fehlen, wird die Orgel eingebaut. Das dauert etwa sechs bis acht Wochen, so dass die Orgel rechtzeitig zur Einweihung des neuen Konzertsaals äußerlich fertig ist. Doch bis die Königin der Instrumente vollendet klingen kann, muss jede Einzelne der etwa 4000 Pfeifen auf die Bedingungen im neuen Konzertsaal abgestimmt werden. Die Orgelpfeifen bestehen aus einer Zinn-Blei-Legierung. Die Konzertorgel erhält vier Manuale und 67 Register. Bis zu 2800 Liter Luft werden für die Töne aktiviert. Sie wird 15 Meter breit und etwa acht Meter hoch.

Am 8. September 2017 erklingt mit Beginn der neuen Spielzeit der Dresdner Philharmonie auch die neue Orgel. Dazu sind alle Spender eingeladen. Für Kittelmann geht an diesem Tag ein Traum in Erfüllung.

Bronzetüren erzählen Stadtgeschichte

Mit Wasser und in hartnäckigen Fällen mit einem Skalpell hat Andreas Kunze ganz behutsam Verkrustungen auf einzelnen Bronzeplatten entfernt. Die 50 Reliefs schmücken die fünf großen Eingangstüren des Dresdner Kulturpalastes. Fast 45 Jahre hatte das markanteste Kunstwerk der Witterung getrotzt und reichlich Patina angesetzt. Von der einstigen Schutzschicht aus Wachs war kaum etwas übrig geblieben. »Überall, wo kein Wachs ist, bleibt der Dreck hängen«, erklärt Kunze. Der Spezialist der Firma Fuchs + Girke Bau und Denkmalpflege hat die Türen restauriert und über der Patina eine neue Wachsschicht aufgebracht. Damit die Mikrokristalle des Wachses in alle Ritzen dringen können, wurden dazu die Bronzen auf 80 Grad erwärmt. Zum Schluss hat Kunze die Oberfläche kräftig gebürstet. Nun sind die Reliefs wieder deutlich zu erkennen.

Geschaffen wurde das Kunstwerk von Gerd Jaeger. Der Bildhauer hatte sich beim Wettbewerb um die Gestaltung der Türen gegen vier Mitbewerber durchgesetzt. Das war für ihn nicht einfach gewesen, erzählte er später einmal. »Ich wollte keine DDR-Propaganda in meinen Bildern.« So pochte er auf seine künstlerische Freiheit und lehnte es entschieden ab, Ernst Thälmann abzubilden. Was hatte denn der Vorsitzende der Kommunistischen Partei Deutschlands auch mit der Geschichte der Stadt Dresden zu tun? Das wiederum war das Thema für die Türen: Dresden vom Fischerdorf zur sozialistischen Großstadt. Zwischen 1967 und 1969 hat Jaeger, der später zum Professor an der Hochschule für Bildende Künste in Dresden berufen wurde, mit zwölf Formern und Gießern in einer Dresdner Gießerei an den Reliefs gearbeitet. »Da steckt viel Zeit, Arbeit und vor allem Herzblut drin«, sagte Jaeger.

Mit jeweils fünf Reliefs stellte der Künstler an jeder Türhälfte das Auf und Ab der Geschichte dar. Die erste Eingangspforte umfasst die Spanne 1206 bis 1650. Links unten sind Fischer mit ihrem Fang zu sehen. Im rechten Türblatt daneben gestaltet er eine Ratssitzung als Sinnbild der Stadtgründung. Auf den folgenden Platten wird an den Dreißigjährigen Krieg sowie an Hunger und Pest erinnert. Die Jahreszahl 1650 ist auf dem Relief rechts oben deutlich zu sehen. Erzählt wird vom Anwachsen der Stadt durch die Aufnahme böhmischer und anderer Zuwanderer. Bei allen fünf Bronzetafeln zeigt die jeweils zweite Platte architektonische Besonderheiten der jeweiligen Epoche: Bei der ersten Tür sind dies die damals einzige Elbbrücke sowie der Bau von Rathaus, Georgentor und Festung.

RECHTS: Die Bronzetüren chronologisch abge-bildet UNTEN RECHTS: Restaurator Kunze

Die nächste Tür setzt die geschichtliche Handlung fort. Sie schildert die Entwicklung zur Residenzstadt im 18. Jahrhundert. Der Zwinger und die Frauenkirche werden als Architekturelemente dargestellt.

Eine weitere Tür ist der Zeitspanne von 1813 bis 1919 gewidmet. Dargestellt werden die Befreiungskriege gegen Napoleon, die Bewegung der Romantik, die Industrialisierung in Sachsen, aber auch die Mairevolution von 1849 und die Entstehung der Arbeitervereine. Gern macht Sanierungsspezialist Kunze auf die unterste rechte Platte aufmerksam. Darauf wird eine Rose überreicht – als Symbol für die Uraufführung der Oper *Der Rosenkavalier* von Richard Strauss 1911 in Dresden. Als architektonisch wichtig für jene Epoche gibt Gerd Jaeger die Gemäldegalerie und die Oper wieder.

Die vierte Tür bildet die Entwicklung Dresdens von 1920 bis 1945 ab. Die Handlung ist von oben nach unten abzulesen und beginnt mit Tanzenden – ein Hinweis auf den Ausdruckstanz von Mary Wigman und Gret Palucca. Die Bronzen darunter erinnern an den Kapp-Putsch 1920 sowie an den Kampf gegen den Faschismus. Die beiden untersten Platten der Tür sollen Heimatvertriebene nach den Bombenangriffen und die Befreiung vom Faschismus durch die Sowjetunion darstellen. Als Architekturelemente werden Trümmerlandschaften gezeigt.

In chronologischer Reihenfolge gestaltet Gerd Jaeger die Zeit des Neubeginns nach dem Zweiten Weltkrieg bis zur Gegenwart. Von unten nach oben wird diesmal von Enttrümmerung und Neubeginn, dem Sieg der Arbeiterklasse und der Vereinigung von KPD und SPD erzählt. Hochhäuser und andere Gebäude mit Flachdächern symbolisieren auf dem Architekturfries die sozialistische Großstadt.

Diese sogenannte Nachkriegstür wurde 1969 als Hauptpforte in der Mitte des Türenensembles angeordnet. Wenn schon nicht Ernst Thälmann zu sehen ist, sollte beim Haus der sozialistischen Kultur wenigstens der »Sieg des Sozialismus« im Mittelpunkt stehen. Offensichtlich ignorierten die Bauherren damit Jägers Vorstellungen, lediglich die erste und die vierte Tür sind nach seiner Zeitschiene angeordnet. Eine offizielle Begründung hat der Künstler nie erhalten.

War die falsche Reihenfolge ein Fehler oder volle Absicht? Bei der Sanierung des Kulturpalastes haben Denkmalpfleger und Bauherren lange darüber diskutiert. »Wir haben keine schlüssige abschließende Begründung gefunden«, erklärt Ulrike Hübner-Grötzsch vom Landesamt für Denkmalpflege. Am Ende wurde entschieden, die Türen so wie einst einzubauen.

Äußerlich wird es nicht auffallen, aber die sanierten Türen haben es in sich. Die Bronzeplatten waren relativ einfach auf Holzplatten in einem Alurahmen montiert, erklärt Ralph Günther von Fuchs + Girke: »Alle Achtung, was die damals mit minimalem Aufwand gezaubert haben.« Heute müssen die Türen automatisch auf- und zugehen, benötigen einen Wärmeschutz und reichlich Schließtechnik. Auf der Innenseite haben die sanierten Türen wieder eine Kupferschicht. Im Inneren erhält jede Tür wie einst einen Windfang.

Überraschungen gab es bezüglich der Fassade. Nur der Fachmann und der Denkmalschützer wird es bemerken: Im ersten und zweiten Obergeschoss wurden die originalen Aluminium-Fassaden-Elemente verwendet. Bei den ersten Beratungen war davon ausgegangen worden, dass sie durch neue ersetzt werden mussten. Doch ihr Zustand war noch so gut, dass sie erhalten bleiben konnten. Nur die inneren Verkleidungsprofile wurden erneuert. »Wir haben die kompletten Fassaden ausgebaut, das Glas entsorgt«, erklärt Günther. Dann kamen alle 292 dieser 1,40 mal 5 Meter großen Rahmen in die Werkstätten nach Ottendorf-Okrilla. Die historische Fassade war eloxiert, um eine harte und kratzfeste Oberfläche zu erhalten. Diese Schicht durfte nicht beschädigt werden. Deshalb haben die Mitarbeiter mit milden Reinigungsmitteln die Rahmen gesäubert. Scharten und andere Beschädigungen verraten jedoch, dass die Rahmen noch im Ursprung vorhanden sind.

Insgesamt hat Fuchs + Girke Aufträge in Höhe von etwa drei Millionen Euro übernommen. Die Wurzeln des Unternehmens reichen in die 1970er Jahre zurück. Damals wurde der VEB Denkmalpflege gegründet, um Fachleute für historische Bauten zu haben. Der damalige Produktionsdirektor Wolfgang Girke gründete 1991 die Firma neu. Derzeit beschäftigt der Handwerksbetrieb etwa 140 Mitarbeiter. Seine Referenzliste ist lang.

Wie der Zufall bei der Gipsdecke half

Bei der Sanierung der großen Foyers wurden Natursteinböden und Marmorsäulen gut geschützt, später gereinigt und schadhafte Stellen ausgebessert. Darüber gab es von Anfang an Einigung zwischen Denkmalschützern, Bauherren und Architekten. Schwieriger stellte sich die Situation bei den Unterhangdecken aus Gips dar. 60 mal 60 Zentimeter große Gusselemente mit 6 mal 6 Zentimeter großen Quadraten, die wiederum eine Öffnung von 5 mal 5 Zentimeter auswiesen, wurden zur Verkleidung der Decken zusammengefügt. Heutige Bauexperten sprechen von monolithischen oder Modellgipsdecken und kürzen diese mit Mogi-Decken ab. In diesen Decken wiederum waren die Leuchten integriert. Das Material war aber in den Jahrzehnten so spröde geworden, dass es beim Ausbau zerbrach, an einen Erhalt der Decken war nicht zu denken.

Dies gehört jedoch zu den Vereinbarungen mit dem Denkmalschutz, denn diese Elemente sind ein typisches Merkmal für den Kulturpalast, erklärt Petra Eggert. Deshalb sollten die Gipsdecken wenigstens so nah wie möglich am Original nachgestaltet werden. Um den Mehraufwand zu sichern, hatte sich

Die neue Moki–Decke

die Landeskonservatorin stark gemacht: Im Dezember 2013 übergab die Sächsische Staatsregierung der Stadt Dresden eine Million Euro Fördermittel.

Doch das Geld war die eine Sache, die Umsetzung die andere. Die Lindner Group als Hauptauftragnehmer für den Einbau der Säle war auch für die Decken zuständig. Oberbauleiter Torsten Horst hatte zu DDR-Zeiten selbst als Stuckateur gearbeitet. Ein Zeitungsausschnitt von 1985 zeigt ihn als Lehrling. Nun rief er seine früheren Kollegen an, nur helfen konnte von ihnen keiner. Auch am früheren Firmenstandort in Halle, an dem einst die Platten hergestellt wurden, war nichts mehr zu finden.

Doch der Zufall spielte mit: Torsten Horst war zu einem Abstimmungstermin im Museum Barberini in Potsdam, einem weiteren Projekt der Lindner Group. Er saß in einem Café in Potsdam mit Stefan Scherf von Stuckhaus Scherf und Ritter aus Waldenburg zusammen und erzählte dabei auch von den Schwierigkeiten beim Dresdner Kulturpalast. Zu seiner großen Überraschung hatte Stefan Scherf noch Originalformen dieser Decke in seiner Garage. Die Firma Scherf + Ritter hatte eine neue Moki-Decke acht Jahre zuvor auch im früheren Staatsratsgebäude in Berlin eingebaut.

Nach den Erinnerungen von Scherf gab es zehn verschiedene Plattenformen: Eine Moki-Decke mit Quadraten, wie sie im Dresdner Kulturpalast eingesetzt wurde, eine Relo-Platte mit länglichen Kästchen, »Pionier« hieß das Modell mit Kreisen, »Palast« das gute Stück für den Palast der Republik in Berlin, bei dem die Quadrate zusätzlich gewölbt waren. Moki könnte die Abkürzung für Kino oder *Moskau* sein, vielleicht weil die Platten zum ersten Mal beim Bau des Kinos *International* und des Café Moskau 1961 bis 1964 in Berlin verwendet wurden?

Die Form aus der Garage war zwar leicht verworfen, aber für Probegüsse gut genug. Torsten Horst zeigte Fotos, auf denen sich das Original und der neue Guss kaum unterscheiden. Da sich die Vorschriften seit dem Bau des Kulturpalastes geändert hatten, mussten die Platten erneut getestet werden. Erst bei der 13-fachen Belastung brachen die Platten, eine vierfache Sicherheit hätte ausgereicht. Damit erhielten sie die erforderlichen CE-Zertifikate. Wieder wurde eine Musterdecke mit allen Bauteilen wie Leuchten und Hinweisschilder eingebaut. Diesmal waren die Denkmalschützer begeistert. Anschließend wurden noch umfassende Akustiktests in den Messlaboren von Lindner durchgeführt, um die Decke akustisch feinabzustimmen.

Der Seniorchef Stefan Scherf ging nicht wie geplant mit 66 in Rente, sondern machte das Gießen der 8000 neuen Deckenplatten zur Chefsache. Nach dem historischen Vorbild wurden acht neue Formen angefertigt, mit der vier Leute, alles alte Hasen, die Platten gossen. Neben den Gipsdecken wurden aus gestalterischen Gründen 1400 kupferfarbige Leuchten nach- und eingebaut, auch wenn mit der heutigen LED-Beleuchtung nur ein Viertel davon benötigt worden wäre.

Die Crux mit dem Treppengeländer

Es blieben auch die Treppen im Foyer und in den seitlichen Schmetterlingstreppenhäusern erhalten. Die Stufen und Geländer wurden sorgsam mit Holz verkleidet, um sie während der Bauphase zu schützen. Aber bei der Prüfung des Geländers stellte sich heraus, dass der Abstand zwischen den Streben 14 Zentimeter beträgt. Nach dem aktuellen Baurecht sind aber nur zwölf Zentimeter gestattet.

Das sah die Chefin der Dresdner Bauaufsicht mit Sorge. Der Kulturpalast wurde in der Vergangenheit hauptsächlich von Erwachsenen genutzt, Kinder waren zumindest nicht unbeaufsichtigt im Haus unterwegs, erklärt Ursula Beckmann. Mit dem Umbau ist der Kulturpalast hingegen für alle Nutzer offen. Aus diesem Grund enthält die Baugenehmigung eine Auflage, wonach alle Geländer und Handläufe der Treppen den Forderungen der Sächsischen Versammlungsstättenverordnung und der DIN 18065 entsprechen müssen.

Die Treppenhäuser wurden bei der Sanierung mit Holz ausgekleidet, um die Substanz zu schützen.

Nach intensiver Diskussion und vier modellhaften Versuchen wurde endlich eine Lösung gefunden, die dem Original, aber auch den Bauvorschriften gerecht wird. Nun wurde das Geländer erhalten, aber um die Sicherheit zu gewährleisten, kam eine Wand aus Spezialglas dazu. Im Zuge dessen erhöhten die Fachleute auch den Handlauf, um die notwendige Höhe zu erreichen. Dass so auf den Neubau der mehr als 600 Meter Geländer verzichtet werden konnte, ist dem guten Zusammenspiel aller Seiten zu verdanken.

Der Geländerkonflikt ist kein Einzelfall. Auch bei der Sanierung der Albertbrücke musste ein zweites Geländer daneben gesetzt werden. Die Dachterrasse des Lingnerschlosses erhielt aus Sicherheitsgründen vor der Sandsteinbrüstung eine Plexiglaswand. Das Thema ist deutschlandweit bei nahezu allen Sanierungen aktuell. Heutige Sicherheitsanforderungen und gestalterische bzw. denkmalpflegerische Ziele sind oft unvereinbar.

Frischekur für eine Holzwand

Es ist wie eine Puzzlearbeit. Veit Pophal und sein Sohn Robert von der Firma Constantia ersetzen fehlende Stellen an der hölzernen Wand aus dem Chorprobenraum. Die von den Deutschen Werkstätten Hellerau gestaltete Wand aus 166 einzelnen Elementen aus Goldrüster, wie die japanische Esche genannt wird, sorgt im Chorprobenraum für eine gute Akustik. Lebensspuren und Kratzer blieben auch nach der Restauration, erklärt Veit Pophal. Man solle ruhig sehen, dass die Wand Jahrzehnte auf dem Buckel habe und sich so mancher Vorsprung auch gut eignete, um ein Glas oder eine Flasche abzustellen. Die Stoffbespannung hinter den jeweils zwölf Leisten eines Teiles der Wand musste erneuert werden. Für die Erneuerung der Wand wurden wie einst zur Erstbeschichtung Nitrozelluloselacke verwendet. Andere Lacke würden sich

Auch die Wandverkleidung im Foyer wird ausgebessert.
An der Moki–Decke sind die Originalleuchten befestigt.

nicht mit den Altlacken vernetzen und wahrscheinlich ab-
platzen. Doch die Nitrozelluloselacke werden heute aus Um-
weltgründen nicht mehr in dieser Form verwendet. Aufgrund
der höheren Lösemittelkonzentration in den historischen La-
cken mussten diese extra genehmigt werden.

Aber das kannten die Pophals bereits. Kurz vor der Akus-
tikwand im Kulturpalast hatten sie im Dresdner Rathaus den
Plenar- und den Festsaal restauriert. Auch dieses Bauwerk ist
ein Kind vergangener Zeiten und sollte nach der Ausbesse-
rung so wieder wahrnehmbar sein.

Constantia übernahm auch die Demontage der historischen Holzeinbauten im Kulturpalast. So wurden akribisch
alle Leisten, Wandverkleidungen, die historischen Handläufe
und die Telefontüren vorsichtig demontiert, sortiert, be-
schriftet und in den Bestandsplänen kartiert.

Gemeinsam mit dem Holzexperten des Landesamts für
Denkmalpflege Manfried Eisbein und dem Architektenteam
um Christian Hellmund entwickelte Constantia Vorgaben für

die Restaurierung und den Wiedereinbau der historischen Holzteile. So kann der Dresdner wieder seinen Kulti erleben. Veit Pophal konnte dabei mehr als 30 Jahre Erfahrungen in der Holzrestaurierung einbringen. Einst gab es im Kulturpalast öffentliche Telefonsprechanlagen. Diese braucht heutzutage keiner mehr. Nun haben Architekten, Denkmalpfleger und Restauratoren diese Türen so gestaltet, dass sie optisch als Telefonzellen wahrgenommen werden, aber sich dahinter Revisionstüren verbergen.

Die jetzigen Nutzer im Kulturpalast

Der 28. April 2017 ist bei den Nutzern des Kulturpalastes dick im Kalender unterstrichen: der offizielle Eröffnungstermin. Die Dresdner Philharmonie kann einen Spitzenkonzertsaal nutzen, der dem europaweiten Vergleich standhält. Dresdens Kulturbürgermeisterin Annekatrin Klepsch betrachtet die Wiedereröffnung des Kulturpalastes als Meilenstein im Kulturleben der Stadt. Dresden habe damit einen international wettbewerbsfähigen Konzertsaal, der unterschiedlichen musikalischen Formaten und Ensembles Raum biete und eine neue Bühne für das Kabarett Dresdner Herkuleskeule. Mit der modernen Zentralbibliothek werde er ganztägig Ort der Kultur und Bildung mit hoher Aufenthaltsqualität. Annekatrin Klepsch ist davon überzeugt, dass die Sanierung des Kulturpalastes schon allein aus Brandschutzgründen erforderlich war. Sie geht nun von sehr guten Bedingungen für die drei Hauptnutzer aus.

Eigentümer bleibt das städtische Tochterunternehmen Kommunale Immobilien Dresden. Es ist auch für die Betreibung der Immobilie zuständig. Der Kulturpalast wird die Stadt auch weiterhin viel Geld kosten, aber die Ausgaben sollen mit einem neuen Konzept zum Bespielen und Betreiben transparent dargestellt werden. Für das Funktionieren des Gebäudes und der Haustechnik, die Sicherung des Brandschutzes sowie die kontinuierliche Instandhaltung ist die KID zuständig. Sie hat dazu sechs Mitarbeiter eingestellt. KID-Geschäftsführer Axel Walther geht von jährlichen Kosten in Höhe von 4,5 Millionen Euro aus, 2,5 Millionen Euro mehr als im alten Haus. Diese Summe soll als eine Art Betriebskostenumlage von den Nutzern getragen werden, die wiederum entsprechende Zuschüsse von der Stadt Dresden erhalten.

So zahlt die Stadt 2018 der Dresdner Philharmonie mit 116 Musikern einen Zuschuss von 18,6 Millionen Euro, 2016 waren es 14,9 Millionen Euro. Davon wiederum zahlt die Philharmonie 2,5 Millionen Euro für die Betriebskosten an die KID. Darüber hinaus werden zwölf Stellen eingerichtet, die das Ticketing und die bühnennahe Technik wie Beleuchtung und Akustik gewährleisten. Zudem ist jeweils ein weiterer Mitarbeiter für das Marketing und die Musikvermittlung zuständig. Die Kosten für die insgesamt 14 Stellen werden durch Vermietung und Einnahmen aus Ticketerlösen erwirtschaftet.

Die Dresdner Philharmonie mietet den Konzertsaal insgesamt. In die Vermarktung bringen sich jedoch auch andere Nutzer wie die Dresdner Musikfestspiele, die Städtischen Bibliotheken, die Dresdner Schulkonzerte sowie freie Ensembles und kommerzielle Konzertveranstalter ein. Die Philharmonie ist für die reibungslose Abstimmung verantwortlich. Die Messe Dresden wird Vertragspartner für die Unterhaltungsveranstaltungen. Für die »leichte Muse« werden etwa 70 Tage in Jahr reserviert. Für die Auslastung des Saals im Untergeschoss ist die Dresdner Herkuleskeule selbst zuständig. Sie geht von 340 Vorstellungen im Jahr aus.

Damit Dresden im Wettbewerb mit anderen Städten gute Chancen hat, legte Klepsch den Stadträten unterschiedliche Mietpreise vor. Diese richten sich danach, welche Preise in vergleichbaren Spielstätten akzeptiert werden. Auch die Eintrittspreise sind gestaffelt.

174

Visualisierung des Kulturpalastes

Die Dresdner Philharmonie
und ihr Spitzensaal

Die Intendantin Frauke Roth, Chefdirigent Michael Sanderling und die Musiker der Dresdner Philharmonie sind froh, wieder den Kulturpalast nutzen zu können. Fast fünf Jahre war das Orchester auf verschiedene Ausweichspielstätten angewiesen, dazu zählten der Lichthof im Albertinum, das Schauspielhaus, das Deutsche Hygiene-Museum, die Kreuzkirche und die Frauenkirche.

Nun verfügt die Dresdner Philharmonie wieder über Räume im Zwischengeschoss des Kulturpalastes. Intendantin Frauke Roth richtet ihr Büro auf der Seite zur Schloßstraße, Chefdirigent Sanderling auf der gegenüberliegenden Seite ein. Zudem gibt es einen etwa 300 Quadratmeter großen Chorprobensaal sowie unterschiedlich große Stimmzimmer für jede Instrumentengruppe. Das gesamte Orchester probt im großen Konzertsaal.

Im neuen Saal finden nun die Konzertreihen der Dresdner Philharmonie und der Philharmonischen Chöre statt. Zur feierlichen Wiedereröffnung des Kulturpalastes erklingen die Uraufführung *Drei Chinesische Lieder* von Krzysztof Penderecki, das Violinkonzert D-Dur von Johannes Brahms und, wie beim Kulturpalast nicht anders zu erwarten, die *Ode an die Freude*, das berühmte Finale der 9. Sinfonie von Ludwig van Beethoven. Bereits 1870 hat die Philharmonie mit diesem Werk ihren ersten Konzertsaal eingeweiht. Und auch 1969 gehörte das Stück zum Eröffnungsprogramm. Im Herbst 2017 steht die Orgel im Mittelpunkt vieler Konzerte.

Intendantin Roth geht davon aus, dass der Saal mit seiner hervorragenden Akustik und seiner hochmodernen technischen Ausstattung sich ideal für CD-Produktionen der Dresdner Philharmonie eignet. Die Philharmonie ist zugleich der Lotse für Veranstaltungen anderer Akteure der Region wie der

Dresdner Sinfoniker, des Dresdner Kammerchors, des Heinrich-Schütz-Konservatoriums und des Kinderchorfestivals.

Noch stärker als in der Vergangenheit unterbreitet das städtische Orchester in Zusammenarbeit mit dem Philharmonischen Kinderchor Angebote für Kinder und Familien. Dazu zählen Projekte wie »Sinfonie-Konzerte für Kinder« und »Otto der Ohrwurm«. Im Zusammenhang mit Probenbesuchen im Konzertsaal werde es umfangreiche Aktionen zur kulturellen Bildung für alle Generationen geben, erklärt Frauke Roth. Sie geht von speziellen Angeboten für Schulen und Kitas aus. Die reiche Tradition der Schulkonzerte wird fortgesetzt. Darüber hinaus denkt Roth an innovative Formate von Konzerteinführungen, moderierte Probenbesuche und Begegnungen mit Künstlern, um neue Zugänge zur klassischen Musik zu schaffen. Roth plant auch Veranstaltungen im Bereich Weltmusik und Jazz und hat eine Zusammenarbeit mit dem Dixieland-Festival im Auge. Zudem sind mit den Städtischen Bibliotheken gemeinsame Veranstaltungen vorgesehen.

Der Philharmonische Chor in seiner noch unfertigen neuen Spielstätte

So stellen sich die Macher den neuen Konzertsaal vor.

Um den Kritikern des neuen Kulturpalastes den Wind aus den Segeln zu nehmen, haben sich Philharmonie und Roland Kaiser zur Eröffnung eine Geste der Versöhnung ausgedacht. Der Schlagerstar, der alljährlich Zehntausende zu seinen Konzerten ans Elbufer anlockt, präsentiert seine größten Hits im Konzert mit der Dresdner Philharmonie. Mit »Grenzenlos« legt Roland Kaiser dem Kulturpalast ein eigens zur Eröffnung des neuen Konzertsaals komponiertes Lied in die Wiege.

An die Zukunft denkt die Philharmonie auch mit ihrer 2016 gegründeten Kurt-Masur-Akademie. Bis zu zehn junge begabte Profimusiker aus dem In- und Ausland haben die Möglichkeit, sich in dieser Orchesterakademie auf den späteren Alltag in einem Spitzenorchester vorzubereiten. Schirmherrin des Vereins ist Tomoko Sakurai-Masur, die Witwe des im Dezember 2015 verstorbenen früheren Chefdirigenten der Dresdner Philharmonie.

Städtische Bibliotheken haben wieder ein eigenes Haus

Dank der transparenten Scheiben wird auch von außen sichtbar: Der Kulturpalast ist die neue Heimat der Städtischen Bibliotheken. Nach der Zerstörung ihres Hauses im Zweiten

Weltkrieg erhält die Zentralbibliothek erstmals wieder eine eigene Heimstatt. Haupt- und Musikbibliothek einschließlich der zentralen Kinderbibliothek sowie die medien@age, die zentrale Jugendbibliothek, sind im Kulturpalast auf zwei Geschossen rund um den neuen Konzertsaal vereint. Die neue Bibliothek ist in sechs Teilbereiche gegliedert. Direktor Arend Flemming und seine Mitarbeiter öffnen das Haus täglich außer sonntags immer von 10 bis 20 Uhr. Das sind sechzehn Stunden mehr als bisher, zudem erhalten die Nutzer ein deutlich besseres Angebot. 3000 bis 4000 Besucher werden täglich im Haus erwartet, denen neben Büchern und Filmen auch Tonträger sowie Lernmedien und Informationstechnik aller Art zur Verfügung stehen. Flemming geht von 20 000 Ausleihen am Tag aus. Über 800 Veranstaltungen wie Lesungen, Führungen, Ausstellungen sowie Spezialprogramme für Kinder und Jugendliche sollen den Zugang zur Bildung und Unterhaltung erleichtern.

Dresdens Städtische Bibliotheken genießen seit Jahrzehnten in der Fachwelt einen exzellenten Ruf. Nun haben sie mit der neuen Zentralbibliothek ein modernes Nutzungskonzept mit einer besseren Aufenthaltsqualität, mit fast dreimal mehr Arbeitsplätzen. Den Lesesaal im Norden des zweiten Oberge-

Blick in die Bibliothek mit Auskunftstheke

Visualisierung des neuen Lesesaals mit Kranichdecke

schosses schmückt ein Teil der alten Kranichdecke, die an dieser Stelle wieder eingebaut wurde.

Für Erstinformation und Anmeldung entstanden große Tresen im Foyer des zweiten Obergeschosses. Die Bibliotheksnutzer geben ihre Bücher an Automaten ab, vielleicht auch schnell vor der Arbeit am Morgen oder vor dem Konzertbesuch am Abend? Dazu wurde ein modernes Buchungs- und Medientransportsystem eingebaut. Mittels RFID-Technik, einer Sender-Empfänger-Identifikation, können die einzelnen Medien berührungslos verbucht, transportiert und sortiert werden. Das ermöglicht einerseits längere Öffnungszeiten und andererseits Freiräume für Beratung und Veranstaltungen. Die individuelle Einrichtung und Gestaltung der Bibliothek erfolgte in enger Zusammenarbeit mit den gmp-Architekten und Inneneinrichtern der Deutschen Werkstätten Hellerau. Um die verschiedenen Ebenen der Bibliothek zu verbinden, haben die Architekten an den beiden Gebäudeseiten zusätzliche Treppen und Aufzüge geschaffen.

Dresdens Bibliothek blickt auf eine lange Geschichte zurück. 1874 hatte sich in der Stadt ein »Gemeinnütziger Verein zur Förderung der sittlichen, geistigen und ökonomischen Interessen der Bevölkerung Dresdens« gegründet. Eines seiner

Ziele war die Errichtung von Volksbibliotheken. Daraufhin übertrug der Stadtrat ihm die Gründung und Unterhaltung solcher Einrichtungen als dauerhafte Aufgabe und stellte einen Großteil der dazu benötigten Mittel und Räume zur Verfügung. Im September 1875 eröffnete der Verein die erste Volksbibliothek in einer Schule in der Bräuergasse 1. Ein Jahr später kam in der Kreuzstraße die zweite Volksbibliothek mit der Bezeichnung »Centralbibliothek« hinzu. 1902 gründete der Industrielle Karl August Lingner in dem von ihm erworbenen Gebäude Waisenhausstraße 9 die »Dresdner Lesehalle«. Sie wurde zu einer Attraktion. 1908 gab es in der Stadt bereits 18 Volksbibliotheken. Statt die Zuschüsse für den gemeinnützigen Verein weiter zu erhöhen, entschied sich die Stadt für die Schaffung einer Städtischen Zentralbibliothek direkt neben der Volkslesehalle in der Waisenhausstraße. Nach dem Tod von Lingner 1916 wurden Städtische Bücherei und Lesehalle vereint. Nachdem die Deutsche Bank 1920 als neuer Eigentümer der Waisenhausstraße 9 auf die Beendigung des Mietvertrages gedrängt hatte, beschloss die Dresdner Verwaltung, in ihrem Stadthaus an der Theaterstraße die neue Bibliothekshauptstelle einzurichten. Das Gebäude wurde im Krieg beschädigt, doch 1953 konnten Bibliothek und Lesesaal wieder im Stadthaus öffnen. Als das Haus Mitte der 1990er Jahre aus statischen Gründen saniert werden musste, zogen Haupt- und Musikbibliothek in das World Trade Center.

Im Kulturpalast stehen nun nicht nur rund tausend Quadratmeter mehr Fläche zur Verfügung, sondern auch die Bedingungen für Besucher und Mitarbeiter sind deutlich besser.

Eine neue Spielstätte für die Herkuleskeule

Noch ein wenig despektierlich spricht Wolfgang Schaller, der Künstlerische Direktor des Kabaretts Herkuleskeule, von seinem neuen Kellertheater. In der Tat, die Spielstätte mit rund 250 Plätzen ist unter dem neuen Konzertsaal entstanden. Ironie des Schicksals: In den Plänen zum Bau des Hauses der Kultur war schon eine Spielstätte für die 1961 gegründete Herkuleskeule vorgesehen. Doch das Raumprogramm wurde aus Kostengründen immer weiter zusammengestrichen, für die »Keule« war kein Platz mehr. So spielten die Künstler zu-

nächst in den Kellerräumen der Ruine der Evangelischen-Reformierten Kirche an der Ringstraße, später im Clubhaus Martin Andersen Nexö, der heutigen »Scheune« in der Äußeren Neustadt.

Wolfgang Schaller, Chef des Kabaretts Herkuleskeule

1965 zog die Herkuleskeule in das Obergeschoss der Wohngebietsgaststätte am heutigen Sternplatz. Das Gebäudeensemble war unter Leitung von Chefarchitekt Herbert Schneider entworfen worden. Das Haus atmet Geschichte, findet Schaller, der seit 1970 zum Ensemble gehört. Nach so langer Zeit fällt ihm der Abschied etwas schwer. Gemeinsam mit Peter Ensikat hat er Kabarettstücke geschrieben, die zum Markenzeichen für das politische Kabarett der DDR wurden. Karten für die Herkuleskeule gehörten zu DDR-Zeiten zur »Bückware«. Nach einer kurzen Durststrecke nach 1990 spielt das Ensemble wieder vor ausverkauftem Haus. 2015 kamen zu den 340 Vorstellungen über 60 000 Besucher. Zudem gab es noch 120 Gastspiele. Trotzdem kämpft das Kabarett immer wieder um eine stabile Finanzierung. 2016 feierte es mit einem beeindruckenden Programm in großer Besetzung seinen 55. Geburtstag. Ab der darauffolgenden Spielzeit muss das Ensemble mit einem geringeren »Stammpersonal« auskommen. Für die Besucher habe die Größe des Ensembles fast exotische Anziehungskraft, aber alles müsse sich rechnen, sagt Schaller.

Damit auch beim tosenden Applaus in der Herkuleskeule oben leise Konzerttöne zu hören sind und umgekehrt, wurde zwischen beide Spielstätten eine dicke Betonwand gezogen, erklärt KID-Projektleiter Thomas Puls. Mehr noch, das Theater der Herkuleskeule bekam ein eigenes Stahlgerüst, um das Übertragen von Schwingen zu verhindern.

Wieder eine Gaststätte im Kulturpalast

Ursprünglich sollte der umgebaute Kulturpalast, hauptsächlich aus Platz- und Kostengründen, keine eigene Gaststätte mehr erhalten. Es war nur eine Art Imbissversorgung für die Musiker und die Bibliotheksnutzer vorgesehen. Bei Konzerten und anderen Veranstaltungen im Saal sorgt ein Caterer für Getränke und Snacks. Doch im Laufe der Bauphase wurde der Wunsch nach einer Gaststätte im Kulturpalast immer lauter. Gleichzeitig hatte die Dresden-Information kein Interesse mehr an ihren früheren Räumen an der Ecke zur Schloßstraße. Auf Antrag der Grünen hat schließlich der Stadtrat beschlossen, die Ausschreibung der Tourist-Information nicht mit dem Kulturpalast zu verbinden. Auch die Stiftung Frauenkirche, die einst an der gegenüberliegenden Seite, an der Galeriestraße, ihre Räumlichkeiten hatte, zieht nicht mehr in den Kulturpalast. Nun hat sie einen Betreiber für die rund 300 Quadratmeter große Kulti-Kneipe mit etwa hundert Plätzen an der stärker frequentierten Schloßstraße gesucht. Dieser übernimmt auch die gaststättenspezifischen Kosten, etwa für Fettabzug und Kältetechnik.

Für die Fläche an der Galeriestraße interessiert sich ein Bündnis aus Architekten der TU Dresden, der Hochschule für Technik und Wirtschaft sowie aus Vereinen, die in Sachen Baukultur aktiv sind. Vielleicht werden diese in ein paar Jahren zu dem Ergebnis kommen: Der Dresdner Kulturpalast hat mit dem Umbau eine neue Zukunft bekommen.

ANHANG

Das vielseitige Programm im Kulturpalast

1969: 5. Oktober offizielle Eröffnung mit einem Festprogramm, in dem über 1400 Berufs- und Volkskünstler mitwirkten – 7. Oktober Konzert der Dresdner Philharmonie unter Leitung von Kurt Masur mit Beethovens *Die Weihe des Hauses* und Sinfonie Nr. 9 – 1. Konzert der Staatskapelle Dresden – 1. Schulkonzert – Einweihung der ersten 70-mm-Filmanlage im Bezirk Dresden mit *Du bist min. Ein deutsches Tagebuch*. Gastspiele: u. a. Bolschoi-Ballett Moskau, Dresdner Kreuz-chor

1970: 5. Welt-Getreide- und Brotkongress – Orgelweihe mit Herbert Collum und Amadeus Webersinke – Estrade »Blumen für die Frauen«, aus der die Veranstaltungsreihe »Rosen für unsere Frauen« hervor-gegangen ist – 1. Internationales Tanzfestival – Start der Veranstal-tungsreihen »Schlager im Palast« und Orgelmusik – Festveranstaltung 100 Jahre Dresdner Philharmonie. Gastspiele: u. a. Manfred Krug, Etta Cameron, Gilbert Bécaud, Marcel Marceau, Kenny Ball and his Jazz-men, National Ballett Senegal, Leningrader Philharmonie

1971: Welt-Fotoausstellung – 1. Internationales Schlagerfestival – 1. Internationales Dixieland-Festival – Start der Veranstaltungsreihe »Prominente einmal anders« mit Ulli Busch. Gastspiele: u.a. Wolf Kaiser, Angelica Domröse, Fred Frohberg, Die vier Brummers, Friedrichstadtpalast Berlin, Laterna Magika Prag, Leningrader Music Hall

1972: Premiere im Studiotheater mit der Komödie *Appetit auf Frühkirschen* mit Thea Elster und Horst Schulze, Beginn der Gastspiele der Volksbühne Berlin und des Staatsschauspiels Dresden mit verschiedenen Inszenierungen – Heinrich-Schütz-Festtage. Gastspiele: u.a. Frank Schöbel, Dagmar Frederic, Omsker Volkschor

1973: Jubiläumskonzerte 425 Jahre Staatskapelle Dresden – 1. Folge der »Brückenmännchen«-Kinderrevue – Viermillionster Besucher begrüßt – Internationale Kongresse für Mess- und Regeltechnik und für Biomedizinische Technik – Gründung des Tanzensembles des Kulturpalastes unter Leitung von Gabriele Wunsch. Gastspiele: u.a. Peter Schreier, Gisela May, Eberhard Cohrs, Spejbl und Hurvinek (Prager Marionetten-Theater), Theo Schumann Combo

1974: Start der Veranstaltungsreihe »Palast-Illustrierte«. Gastspiele: u.a. Kinderchor Les Poppys Paris, Tanztheaterensemble der Komischen Oper Berlin, Schwarzes Theater Prag

1975: Start der Veranstaltungsreihe »Kreuzworträtsel für junge Leute« – 2. Fest des Liedes mit über tausend Chorsängern. Gastspiele: u.a. Zentral-Zirkus Berlin, Alexandrow-Ensemble

1976: Galaprogramm der 16. Arbeiterfestspiele. Gastspiele: u.a. Heinz Quermann, Josef Laufer, Ruby Manila, Lutz Jahoda, Leningrader Philharmonie, Linha Singers Prag, Gezeichnetes Theater Prag

1977: Start der Veranstaltungsreihen »Von Herz zu Herz«, »Wer Euch getraut«, »Das klingende Gästebuch« mit Ulli Busch. Gastspiele: u.a. Katja Ebstein, O.F. Weidling, Jonny Hill, Duke Ellington Orchester, Rundfunkkinderchor Tokio, Slowakische Philharmonie Bratislava, 50 Jahre Bergsteigerchor »Kurt Schlosser«

1978: 1. Dresdner Musikfestspiele – Start der Veranstaltungsreihe »Palast-Varieté« – 1. Kleines Schlagerfestival »Goldener Rathausmann« – 12. Kongress der Föderation Europäischer Biochemischer Gesellschaften. Gastspiele: u.a. David Oistrach, Roy Black, Dani Marsan, Hartmut Schulze-Gerlach (Muck), O.F. Weidling, Dorit Gäbler, Heinz Rennhack, Hansgeorg Stengel, Berliner Philharmoniker unter Leitung von Herbert von Karajan, Philharmonisches Orchester Budapest

1979: In 10 Jahren 12 Millionen Besucher – Jubiläumskonzert 10 Jahre Electra – 1. Kinderball »Uns lacht die Sonne« zum Internationalen UNO-

Jahr des Kindes – Jubiläums-Unterhaltungsproduktion »Nun schlägt's 13« u. a. mit Alexander Bauer, Helga Hahnemann, Fred Frohberg

1980: Eröffnung des Besucherservice in der Eingangshalle Schloß-straße – Fernsehproduktion »Zwischen Frühstück und Gänsebraten«. Gastspiele: u. a. Nationalballett der Philippinen, Ballett Espanol María Rosa, Nationalballett Kolumbien, Donkosaken, Oratorium *Canto General* von Theodorakis

1981: Gastspiele: u. a. Baltimore Symphony Orchestra, Orchester der Mailänder Scala unter Leitung von Claudio Abbado, Perkussionskon-zert mit über hundert Schlaginstrumenten

1982: Alexander Bauer begrüßte in der 12. Folge »Rosen für unsere Frauen« den 15-millionsten Besucher. Gastspiele: u. a. Hans-Joachim Wolfram, Tanzensemble Berjoska, Philharmonisches Orchester Monte Carlo, Oratorium *Axion esti* von Theodorakis unter Leitung des Kom-ponisten

1983: 10-jähriges Jubiläum des Tanzensembles Kulturpalast. Gast-spiele: u. a. Tokyo Symphony Orchestra, Spejbl und Hurvinek, Ameri-can Folk Blues Festival

1984: XIV. UNIMA-Kongress und Internationales Puppentheater-Festival – Generalkonferenz des Internationalen Rates für Denkmale und Denkmalbereiche – Uraufführung der *Frühlingssinfonie* von Theo-dorakis. Gastspiele: u. a. Tokyo Philharmonic Orchestra, Folkloristi-sches Tanzensemble Tokyo

1985: Solidaritätskonzert UNICEF mit Theo Adam, Gisela May, Dieter Mann, Gerhard Schöne u. a. – 1. Karnevalsball. Gastspiele: u. a. Wolf-gang Roeder, Grand Ballet de Martinique, Philharmonische Orchester New York, Stockholm, Rotterdam

1986: Jubiläumskonzerte 40 Jahre Dresdner Tanzsinfoniker. Gast-spiele: u. a. Kurt Demmler, Jürgen Walter, Sinfonieorchester Utah, USA

1987: Start der Country-Musik-Produktionen sowie »Magic Inter-national« – 10. Nationales Nachwuchsfestival »Goldener Rathaus-mann« – 50. Stammtisch mit Wolfgang Stumph. Gastspiele: u. a. Herman van Veen, Peter Hofmann, Sinfonieorchester der Moskauer Philharmonie, Grand Ballet de Caraibes, The Bob Lang California Band, Sinfonieorchester des NDR Hamburg

1988: Konzert der Singakademie Dresden mit *Axion esti* von Theodo-rakis – Frühlingssingen im Palast mit 2000 Chorsängern. Gastspiele: u. a. José Feliciano, George Moustaki, Leipziger Synagogalchor, Sym-phonieorchester des Bayerischen Rundfunks, Philharmonie Strasbourg

1989: 20 Jahre Internationales Tanzfestival – »Schlager im Palast« zum 20-jährigen Jubiläum des Kulturpalastes – Statement von Prof. Dr. Manfred von Ardenne zur politischen und wirtschaftlichen Lage der DDR am 16. Oktober – »Wenn schon, denn schon« mit Hans-Joachim Wolfram – 38. Intersteno-Kongress mit Austragung der Weltmeisterschaften – Internationale Pressekonferenz des Bundeskanzlers Helmut Kohl und des Ministerpräsidenten der DDR Hans Modrow. Gastspiele: u. a. Dietrich Kittner, Al Bano & Romina Power, Chor und Sinfonieorchester des Bayerischen Rundfunks unter Leitung von Sir Colin Davis, BBC Philharmonic Orchestra Manchester, Rock-Classics u. a. mit der Halleschen Philharmonie, Ines Paulke, Karussell, den Puhdys u. a.

1990: 41. Kongress der Internationalen Astronautischen Föderation, ICOM Weltkongress, Internationaler Ärztekongress – Start des politischen Frühschoppens »Dresdner Runde« – Beginn der Rekonstruktion des Hauses in den Besucherbereichen und der Technik – Gründung der Sächsischen Festivalvereinigung e. V. Gastspiele: u. a. Reinhard Mey, Mary Roos, Veronika Fischer, Barclay James Harvest, Philip Morris Superband, Münchner Freiheit, Münchner Philharmonie, Symphonic Orchestra San Francisco

1991: 1. Country-Festival – Gründung des Palast-Ensembles Dresden e. V. – 1. Sächsischer Unternehmertag, 2. Parteitag der CDU. Gastspiele: u. a. Nicole, Inge Meysel, Johnny Cash, Matthias Reim, Roger Whittaker, Roland Kaiser, Günther Fischer, Jeunesses Musicales Weltorchester unter Leitung von Serge Baudo, Los Angeles Philharmonic Orchestra, Wiener Mozart-Akademie, Salt Lake Mormon Tabernacle Choir, Wiener Sängerknaben

1992: Eröffnung der neuen Kongressetage »Panorama«, Hauptversammlung der Dresdner Bank – 1. »Handfest« des Bundes Sächsischer Puppen- und Marionettentheater e. V. – Weltkongress der internationalen Föderation der Physikalischen Medizin und Rehabilitation, Telekom-Forum, IBM-Kongress – Festival der Zauberkunst – Sommerfestival der Volksmusik – Benefizkonzert des Stabsmusikkorps der Luftwaffe der USA für den Wiederaufbau der Frauenkirche. Gastspiele: u. a. Udo Jürgens, Milva, Gerhard Schöne, Mary, Tony Christie, Waseda Symphony Orchestra Japan, Broadway Musical Company (*Hair*), Regensburger Domspatzen, Maurice André und des Württembergischen Kammerorchester, »Musikantenstadl«

1993: 23. Zentraleuropäischer Anästhesiologen-Kongress – 96. Deutscher Ärztetag. Gastspiele: u. a. Gidon Kremer, Karel Gott, Konstantin Wecker, Nana Mouskouri, Shlomo Mintz und das Chamber Orchestra Israel, The Harlem Gospel Singers, Golden Gate Quartet, Augsburger

Domsingknaben, »Achtung Klassik« (ZDF-Produktion mit Justus Franz), *West Side Story, Jesus Christ Superstar*

1994: Bildung der Konzert- und Kongressgesellschaft Kulturpalast Dresden – Kongress der Konrad-Adenauer-Stiftung,– 8. DRK-Rettungskongress – 5. Deutscher Ärztetag. Gastspiele: u. a. Montserrat Caballé, Bonnie Tyler, Howard Carpendale, René Kollo, Ballett der Staatsoper Kiew, Orchester der Mailänder Scala, *My Fair Lady, New York, New York*

1995: Gastspiele u. a.: Herman van Veen, Mario Adorf, Karel Gott, *Tosca* mit Stars der Mailänder Scala, Marcel Marceau, Kongress der Deutschen Gesellschaft für Nuklearmedizin, 6. Deutscher Ärztekongress

1996: 10. Dresdner Tage der zeitgenössischen Musik – 51. Kongress der Deutschen Gesellschaft für Gynäkologie und Geburtenhilfe – 11. Dresdner Magierkongress und Deutsche Meisterschaft der Zauberkunst – 5. Außerordentlicher Bundeskongress des DGB. Gastspiele: u. a. *Hair*, Wolf Biermann, Nana Mouskouri, Mary, Reinhold Messner, Harald Juhnke

1997: Marlene-Dietrich-Ausstellung mit Tanzabend der Palucca Schule Dresden – 8. Deutscher Ärztekongress – 20. FISM-Weltkongress der Zauberkunst – 70 Jahre Sächsischer Bergsteigerchor »Kurt Schlosser«. Gastspiele: u. a. Udo Jürgens, Dieter Bohlen & Blue System, Max Raabe und Orchester, Roger Whittaker, André Rieu und das Johann Strauss Orchestra, Nigel Kennedy, Jürgen von der Lippe, Gilbert Bécaud, Hansi Hinterseer

1998: 1. Sinfoniekonzert der Dresdner Sinfoniker – 94. Jahrestagung der Deutschen Gesellschaft für Sozialpädiatrie. Gastspiele: u. a. Richard Clayderman, Kastelruther Spatzen, Musical *Sissi*, Glenn Miller Orchestra, Harry Belafonte, Patricia Kaas, Vanessa Mae, Reinhard Mey, Roland Kaiser, Peking Oper, Helmut Lotti, Wiener Sängerknaben

1999: 30 Jahre Kulturpalast mit Jeunesses Musicales Weltorchester und Japan Folk Festival, Jethro Tull– Silvesterball 2000. Schloss Albrechtsberg: »1001 orientalische NACHT – Flower-Power-Party mit Songs der Woodstock-Ära – 7. Deutscher Kongress für Schlafforschung und Schlafmedizin – 14. Wissenschaftlicher Kongress der Süddeutschen Gesellschaft für Pneumologie – UAE Kongress. Gastspiele: u. a. Klaus Hoffmann, Angelo Branduardi, Marinechor der Schwarzmeerflotte, Dieter Thomas Heck, Freddy Quinn, Barbara Schnitzler liest Brigitte Reimann, Sarah Brightman

2000: »Stern«-Silvesterball im Schloss Albrechtsberg – The 49th International Congress of the European Society for Cardiovascular

Surgery – Konferenz ECRR 2000 mit European Wireless 2000 – ADAC-Hauptversammlung. Gastspiele: u. a. Nicole, Waseda Symphony Orchestra Tokyo, Jazzkonzert: 45-jähriges Bühnenjubiläum der Elb Meadow Ramblers, Udo Lindenberg, Hans Klok, Gerd Dudenhöffer spielt Heinz Becker

2001: Schloss Albrechtsberg: Musikalischer Frühschoppen – Dresdner Musikfestspiele (u. a. mit Petersen-Streichquartett, Turtle Island String Quartet) – Sächsisch-Böhmisches Musikfestival – Dresdner Salondamen, Tschechische Kulturtage – Kongress Kernenergie – 9. Deutscher Hebammenkongress, 7. PDS-Bundesparteitag. Gastspiele: u. a. Matthias Reim, Michelle, Die schönsten Tänze der Welt, Howard Carpendale, Michael Mittermeier, St. Petersburger Philharmonie, *Grease*, Gisela Steineckert und Jürgen Walter, Weihnachtskonzert mit den Puhdys, Dagestanka-Weihnachten mit dem kaukasischen Nationalballett

2002: Schloss Albrechtsberg: Schätze der französischen Kammermusik – Hermann-Hesse-Abend, Gedenkkonzert für Yehudi Menuhin – EDEKA-Jahrestagung – Jahrestagung der Deutschen Gesellschaft für zahnärztliche Prothetik und Werkstoffkunde. Gastspiele: u. a. Diana Krall Quartett, Zucchero, *A Chorus Line*, Pat Metheny Group, Peter Kraus, 75 Jahre Sächsischer Bergsteigerchor »Kurt Schlosser«, Goran Bregovic and his Wedding and Funeral Band, Puhdys, Ute Freudenberg

2003: Schloss Albrechtsberg: 10 Jahre Meisterkonzerte auf Schloss Albrechtsberg – Sommerkonzert im Römischen Bad – 74. Jahrestagung der Deutschen Gesellschaft für Hals-Nasen-Ohren-Heilkunde – Kopfund Hals-Chirurgie – »Lebenskongress« – Wissenschaftliche Konferenz Zellbiologie. Gastspiele: u. a. Hape Kerkeling, Helge Schneider, Katja Ebstein, *Das Dschungelbuch*, FMA-Falco meets Amadeus, *ABBA-Mania*, Van Morrison, Tango Pasión

2004: Gastspiele: u. a. Rolf Zuckowski, Russisches Staatsballett, Moskauer Staatszirkus, Angelika Milster & The Berlin International Orchestra, The Australian Pink Floyd Show, BBC Symphony Orchestra London, Zwinger-Lotto extra, 2. Kulti-Jazz-Night, Chris Norman. Schloss Albrechtsberg: Dresdner Walzernacht

2005: Internationales Zebrafisch-Meeting – 11. Internationales FRIADEN-Symposium – Pressezentrum »Weihe der Dresdner Frauenkirche«. Schloss Albrechtsberg: 10. Interdisziplinäres CPA-Symposium. Gastspiele: u. a. Juliane Werding, Classic & Light mit *Carmina Burana*, Beethovens 9. Sinfonie, Dieter Nuhr, Marianne Rosenberg, Harald Schmidt, Gianna Nannini, Till Brönner, Reinhard Lakomy, De Randfichten

2006: Schloss Albrechtsberg: Mozart in Briefen und Musik – 6. Patienten-Kongress Osteoporose anlässlich des Weltosteoporosetags – Jahrestagung der Deutschen Gesellschaft für Mund-, Kiefer- und Gesichtschirurgie. Gastspiele u. a.: *Schwanensee*, St. Petersburger Staatsballett on Ice mit *Nussknacker*, Die Prinzen, Theater im Parkett mit Senta Berger, Rüdiger Hoffmann, 20 Jahre Olaf Böhme, Japan Philharmonie, Ilse Bähnerts große Geburtstagsgala »Ich lade gern mir Gäste ein«, Mario Barth, Internationales Chorkonzert zur 800-Jahr-Feier Dresdens mit Columbus-Chor aus dem US-Bundesstaat Ohio, Sächsischer Bergsteigerchor »Kurt Schlosser« und Polizeichor Dresden, Die lange Thomas Stelzer Nacht

2007: Tagung der Finanzbürgermeister des Deutschen Städtetages – Schloss Albrechtsberg: Adventsmarkt. Gastspiele: u. a. Roger Cicero & Big Band, Konstantin Wecker, Mama Africa, Helmut Lotti, Münchner Freiheit, *Dinner for one* – Heißmann und Rassau, Bastian Sick: *Der Dativ ist dem Genitiv sein Tod*, 80 Jahre Sächsischer Bergsteigerchor »Kurt Schlosser«, The Ten Tenors, Tim Mälzer, Lisa Gerrard

2008: Evangelisches Jugendfestival EVA 2008 – 34. Jahrestagung der Deutschen Gesellschaft für Akustik DAGA – 38. Vegetarier-Weltkongress. Gastspiele: u. a. Helene Fischer, Annett Louisan, Chris Rea, Howard Shores *Herr der Ringe*, Die schönsten Songs von Manfred Krug und Günther Fischer, Urban Priol, Semino Rossi, Mireille Mathieu, Christina Stürmer, 45 Jahre Deutsches Fernsehballett des MDR, Atze Schröder, Tracy Chapman, David Garrett, Woody Allen

2009: 40 Jahre Dresdner Kulturpalast. Gastspiele: u. a. Roland Kaiser, Udo Jürgens und das Orchester Pepe Lienhard, *Drei Haselnüsse für Aschenbrödel*, Mark Medlock, Oliver Pocher, *Phantom der Oper*, Mother Africa, Daliah Lavi, Peter Maffay

2010: Gastspiele: u. a. Helene Fischer, Urban Priol, Semino Rossi, Dieter Nuhr, Atze Schröder, Otto, The Dubliners, Die Flippers, Der große chinesische Nationalzirkus, *Schwanensee*

2011: Meisterfeier des Handwerks. Gastspiele: u. a. Dr. Eckart von Hirschhausen, Nastassja Kinski, Matthias Reim und Michelle, *Bibi Blocksberg*, »Musikantenstadl«, Max Raabe, Sächsischer Bergsteigerchor »Kurt Schlosser«, Roger Whittaker, Cindy aus Marzahn, Reinhard Mey

2012: Luxor Dance Company. Gastspiele: u. a. Ina Müller, Roland Kaiser, Udo Jürgens, Chris Rea, Jethro Tull

Quellen

Ardenne, Manfred von: *Die Erinnerungen*. München 1990

Buttolo, Susann: *Planungen und Bauten der Dresdner Innenstadt zwischen 1958 und 1971*. Dissertation. TU Dresden 2010

»Dresden Kulturpalast«. *Baudenkmale* 36 (1974)

»Der Dresdner Neumarkt«. *Dresdner Hefte* 44 (1995)

Escherich, Mark (Hrsg.): *Stadtentwicklung & Denkmalpflege 16: Denkmal Ost-Moderne*. Berlin 2012

Grösel, Wolfgang, Schlese, Joachim, Wilk, Klaus (Hrsg.): *40 Jahre Internationales Dixieland-Festival Dresden*. Dresden 2010

Härtwig, Dieter: *Die Dresdner Philharmonie*. Leipzig 1989

Kil, Wolfgang: *Wolfgang Hänsch – Architekt der Dresdner Moderne*. Berlin 2012[2]

Kirsch, Antje: *Dresden. Kunst im Stadtraum*. Dresden 2015

»Kulturpalast Dresden«. Informationen 1 bis 4 (1969–1974)

Landesamt für Denkmalpflege Sachsen: Dokumente »Denkmalbegründung für den Dresdner Kulturpalast«, »Kulturpalast Dresden – Abstimmung zum Denkmalschutz«, »Maßnahmenkatalog Denkmalschutz«, »Sondierende Untersuchung zur Farbigkeit«

Lerm, Matthias: *Abschied vom alten Dresden*. Leipzig 1993

Richter, Jürgen: *Dresden in den 50er Jahren*. Dresden 2003

Richter, Jürgen: *Dresden in den 60er Jahren*. Dresden 2005

Sächsisches Archiv für Architektur und Ingenieurbau (Hrsg.): »Zeitzeugnisse«. Architektur und Ingenieurbau in der zweiten Hälfte der 20. Jahrhunderts in Sachsen. Heft 2

Salzmann, Peter: *Klänge, Tänze, kluge Worte*. Unveröffentlichtes Manuskript

Danksagung

Als ich begann, über den Kulturpalast zu recherchieren, habe ich nicht gedacht, wie viele Geschichten sich zu diesem Bauwerk ergeben. Ehrlich gesagt, ich stoße auf immer weitere. Ohne Hilfe wäre das Buch nicht möglich gewesen. Deshalb danke ich von Herzen allen Gesprächspartnern für ihre Geduld und Unterstützung.

Frau Dr. Susann Buttolo stellte mir ihre Dissertation zum Thema Kulturpalast zur Verfügung, Frau Antje Kirsch überließ mir Rechercheergebnisse zum Wandbild »Der Weg der roten Fahne«. Ich bin froh, dass ich mit Zeitzeugen wie den Architekten Prof. Leopold Wiel und Prof. Manfred Zumpe sowie dem Komplexbauleiter Gottfried Ringelmann persönlich sprechen konnte.

Ein herzliches Dankeschön gilt auch den Mitarbeitern des Kulturpalastes, die für mich in ihren Dokumenten und Erinnerungen kramten. Der Journalist Peter Salzmann übergab mir sein Manuskript, das er zum 40. Jahrestag des Kulturpalastes erarbeitet hatte, und gestattete, dass ich Teile davon verwenden konnte.

Mein besonderer Dank gilt der Lektorin Eleni Pavlidou für ihre große Unterstützung.

Als große Hilfe erwies sich für mich das Archiv der *Sächsischen Zeitung*. Vielen Dank, dass ich es nutzen durfte.

ANMERKUNG: Bis zum Redaktionsschluss im Juli 2016 war der Kulturpalast noch eine Baustelle. Im Buch konnten daher nur Fakten und Aussagen verwendet werden, die bis dahin feststanden.